バッタ（成虫）
甲虫《こうちゅう》（幼虫《ようちゅう》）
甲虫（成虫）
カメムシ（成虫）
セミ（幼虫・成虫）
アリ（幼虫・サナギ・成虫）
ハチ（幼虫・サナギ・成虫）
ハエ（幼虫）
ガ（幼虫）
チョウ・ガ（成虫）
カイコ（サナギ）
シロアリ（成虫）
水棲《すいせい》甲虫（成虫）
水棲昆虫《こんちゅう》（幼虫）

虫はごちそう!

Nonaka Kenichi
野中健一

土の中の巣からコオロギを掘《ほ》り出す。焼いたり揚《あ》げたりして食べる。さくさくした食感でコクがある。市場に出荷すれば、肉よりもはるかに高い値段《ねだん》で売られる。(ラオス)

小峰書店

フン虫の幼虫《ようちゅう》が育つ糞玉《ふんだま》を掘《ほ》り出す。体内の糞を出し切ってサナギになる直前のタイミングを見計らう。炒《いた》めて食べると、ふっくらとしたやわらかさとコクが格別《かくべつ》だ。（ラオス）

採《と》る

木の葉を食べるイモムシを、1匹《びき》1匹つまみとる。採《と》ったイモムシは、子どもたちのおやつになる。（ボツワナ）

売る 買う

クロスズメバチ。エサの肉に目印をつけ、巣に戻《もど》るのを追いかける。煙幕《えんまく》でハチを麻痺《まひ》させ、はちの子（幼虫《ようちゅう》・サナギ）の詰《つ》まった巣を掘《ほ》り出す。（日本）

モパニムシというガの幼虫《ようちゅう》を干《ほ》して売る。パリパリしてスナックのよう。煮干《にぼ》しに似《に》たダシの味がする。（南アフリカ共和国）

町の市場。若い女性《じょせい》が１匹《ぴき》ずつ丹念《たんねん》に、おいしそうなコオロギを選んで買う。虫は人気の食材で、高級品でもある。（ラオス）

イモムシの内臓《ないぞう》をしごき出す。灰《はい》のなかで蒸《む》し焼きにすると、ほくほくしておいしい。(ボツワナ)

食べる

はちの子をピンセットで取り出す。しょうゆなどで煮《に》付《つ》け、それをご飯に混《ま》ぜたりもする。手間と時間をかけた旬《しゅん》のごちそう。(日本)

焼いたコオロギやカメムシに香辛料《こうしんりょう》などを加え、搗《つ》く。脂《あぶら》っこさとさわやかさが混《ま》じり合い、ご飯につけるとさらに味がふくらむ。(ラオス)

もくじ

＊本書に登場する虫そのものの線画はいずれも実物大です。

＊見開き左上の絵はパラパラ漫画《まんが》です。

イラスト・口絵　柳原　望

装　幀　こやまたかこ

企画編集協力　戸谷龍明

はじめに

虫のチョコレート!?

みんなの大好きなチョコレート。カラフルな色とりどりのものもある。欲《ほ》しい色の粒《つぶ》を指でつまんでも、手にのせていてもべとつかない。

これはどうしてだろう？　粒の表面がツルツル、ピカピカしている。これは表面に光沢剤《こうたくざい》が塗《ぬ》られているからだ。この光沢剤、じつは虫の分泌物《ぶんぴつぶつ》からできたものだ。

「虫からできた」ってわかったら、いやだーって思うだろうか。それとも、そんなことに虫が役立つのかと感心するだろうか。

この光沢剤は、「ラック・カイガラムシ」という虫の成分だ。庭木をじっくり観察してみると、幹《みき》に白い殻《から》をかぶっている虫を目にするだろう。その仲間だ。この虫は

粒《つぶ》の形のチョコレートがべとつかないのは、虫の成分のおかげだ。

分泌物で体をおおう。この樹脂《じゅし》は水に溶《と》けない樹脂成分の原料になるんだ。これが工業品や染色《せんしょく》の材料として、アジアの国の大切な収入源《しゅうにゅうげん》の一つにもなっている。粒《つぶ》状《じょう》のガムや錠剤《じょうざい》のコーティングにも使われている。

　こんどは赤い色の入った食品、たとえばゼリー、ハム、カマボコ、タラコなどの原材料を見てみよう。コチニールと書いてあれば、それもまた虫の成分だ。エンジムシというカイガラムシの仲間だ。食品を赤やピンクや赤紫色《あかむらさきいろ》に染《そ》めるのに使われている。彩《いろど》りは食欲《しょくよく》をそそり、おいしく食べ

枝《えだ》の白く見える部分が、ラック・カイガラムシの分泌物《ぶんぴつぶつ》。
これを採取《さいしゅ》して光沢剤《こうたくざい》を作る。

るために大切だ。この色づけにも虫は役立っている。天然の着色料だ。虫の成分は身近なところで食べ物になっている。

虫と食べ物といったら何がほかに思い浮《う》かぶだろうか。パンに塗《ぬ》るハチミツ。これもミツバチが花から蜜《みつ》を吸《す》い集めて、濃縮《のうしゅく》して巣に貯めたものだ。

虫も食べ物

では、虫そのものはどうだろうか。虫も動物の仲間だ。肉がある。もちろん、「わたしの家では、はちの子がおかずに出てきます」「おばあちゃんとイナゴ採《と》りに行きました」と言う人もいるだろう。日本では、ハチの幼虫《ようちゅう》やサナギの「はちの子」や、バッタの仲間で田んぼにいるイナゴは昔からよく食べられてきた。愛知県に住むぼくの家でも、秋には一度は食べたくなる旬《しゅん》の食べ物だ。近所のスーパーにはイナゴのつくだ煮《に》が売られている。

でも、「虫を食べるなんて信じられない」って言う人もいるだろう。虫が食べ物になっているところがあるいっぽうで、昔から食べてこなかったっていうところもまた多い。肉や魚のように、全国各地や世界で生産されて、どこのスーパーマーケットやおそうざい屋さんにも同じように出回るという食べ物ではないからだ。家のふだんの食事に出てくるものでないと食べる機会は少ない。

虫は家の近所にいても、食べるものだって知らなければ、「虫を食べる」って言うとびっくりするだろう。食べ物だって思えなければ、「わざわざ食べるからには、ほかに食べ物がないからだ、虫を食べる人たちはかわいそう」って想像《そうぞう》するかもしれない。どうして、こんなものを食べるんだろうって疑《うたが》いの気持ちも起こるだろう。

生き物を採《と》って食べるってことは自然を体に取りこむことの基本《きほん》だ。世界ではいろいろなものが食べられている。でもちょっと考えてみよう。みんなは、そこにいるからといって何でも食べるってことはないだろう。そう、「わざわざ食べる」からには、理由があるのだ。

だれにだって好ききらいはある。だからといって、給食や家のごはんに好ききらいを言ってもいいっていうことではない。好みが、人それぞれだけではなく、集団《しゅうだん》や地域《ちいき》で同じようになっていることもある。それを文化という。住んでいるところにはそれぞれ独特《どくとく》の食べ物もあるだろう。「郷土食《きょうどしょく》」といわれるものだ。地元の人々《ひとびと》にとっては「ふるさとの味」として、いろんな感情をわき出させる大切な食べ物だ。地元以外の人々にとっては、こんな各地に伝わる独特の料理を食べることは旅の大きな楽しみの一つになる。虫料理だって、こんなにいろいろな味があるのかって楽しんでみればいい。世界を見る目が変わるかもしれない。

昆虫食《こんちゅうしょく》を探《さぐ》ってみよう

生き物のなかでも「虫」って聞いてみると、「虫は好きだよ」って言う人たちはけっこういるだろう。かっこいいカブトムシやクワガタムシを育てるのは人気が高い。虫を題材にしたゲームもさかんだし、夏の昆虫採集《こんちゅうさいしゅう》を楽しみにしている人も多いだろう。秋のスズムシ、コオロギの虫の音も風情《ふぜい》がある。

しかし、「虫を食べる」って言われたらどうだろうか。大好きだよって言う人はどれくらいいるだろう。自分のおじいさんは「はちの子」採りの名人なんだって言う人もいるかもしれない。ぼくの祖父《そふ》も「はちの子」採りの名人だった。母はイナゴ採りが大好きだ。ぼくはそういうのを身近にみてよく食べて育ってきた。

昔の日本ではたくさんの種類の虫が食べられていた。1919年には55種類の昆虫が食用にされていたと報告《ほうこく》されている。でも、都会や郊外《こうがい》に開発された住宅地《じゅうたくち》に住む人が増《ふ》えてきた。開発も進んで虫の生息地が少なくなった。農薬をたくさんまくようになったことも虫の生息には厳《きび》しくなった。生活の仕方が変わったこともあって、虫を採《と》ったり食べたりする機会が少なくなってきた。

そうなると虫が食べ物でなくなって、「虫を食べることって変」「ほかに食べ物がないから虫なんて食べているにちがいない。かわいそうに」っていう意見が多くなってくる。「はちの子」が大好きだっていう人でも、触《さわ》るとくさいにおいを出すカメムシを「おいしいよ」って言うと、いくらなんでもそんなの食べられないなぁって言う。でも、カメムシをおいしいという国の人たちもいる。いったい、世界のいろんな国々《くにぐに》の人たちには、どんな虫が食べられているんだろう？　それはどうしてだろう？

虫は身の回りでよく見かけられる。けれども、好きだったりきらいだったり、美しいと感じたり気味悪がったり、そのとらえ方は、虫全体でも、ある虫一つとっても人々《ひとびと》によって違《ちが》う。それがどうしてだろうと考えたとき、虫は、世界の人たちの自然への接《せっ》し方を比較《ひかく》できる題材になるだろうと思った。そうして、日本各地を回り、さらに外国へ昆虫食《こんちゅうしょく》を求めて調査《ちょうさ》の旅に出ることにした。さぁ、食べる虫、虫の食べ方、虫を食べる人々の暮《く》らし、その暮らしが営《いとな》まれる自然をみにいこう。

第一章　お弁《べん》当《とう》にバッタ!?
―イナゴと日本人―

イナゴ採《と》りの思い出

「イナゴを食べたことありますか？」。ぼくは、日本で昆虫食《こんちゅうしょく》を調べていたとき、おおぜいの人に聞いて回った。１９８６年のことだった。「そんなの食べないよ」と言う人たちもいたけど、「たくさん食べたよ」とよく聞いた。「今でも採りに行っているよ」と言う人たちもいた。秋に採って翌年《よくとし》まで保存《ほぞん》して、おかずにすることだってある。秋には実際《じっさい》に採る様子《ようす》も見せてもらった。

ところでイナゴってどんな虫だかわかるだろうか。バッタの仲間で田んぼに多く生息している。稲穂《いなほ》が実るころにはたくさん出現《しゅつげん》する。都会では田んぼを見たことないっていう人も増《ふ》えてきたけど、みんなのごはんに米は欠かせない。米を作る水田は日本全国に広がっている。

今から50年くらい前までは、イナゴを採って食べることは全国的にさかんだった。ぼくの友人に聞いても、「運動会の弁当にはイナゴが入ってたよ」と言う。長野県生まれの人だ。高校生のころまでだから、今から20～30年前だ。今の大学生に聞いてみても、友だちがお弁当に持ってきてましたと言う人もいた。実家へ帰るとごちそうに出てきますと言う人もいる。福島県の人だ。沖縄では、「イナゴは害虫なんだ」と言いながらつかまえて食べていた。

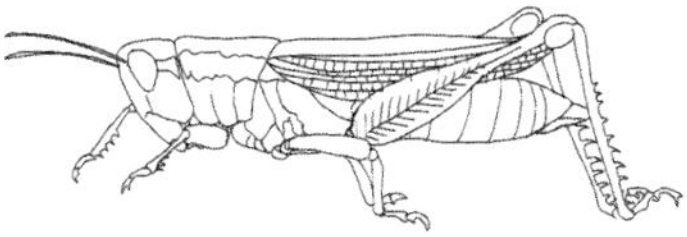
イナゴ

学校はイナゴ基地《きち》

東京のつくだ煮《に》屋《や》さんをのぞいてみると、イナゴは、貝や魚と並《なら》んで売られている

そうざいコーナーに並《なら》んだイナゴやはちの子のつくだ煮《に》

こともある。都会でもけっこう知られているんだ。長野県や岐阜県のスーパーマーケットでは、そうざいコーナーにふつうに売られている。つくだ煮《に》を作る会社の人に聞くと、「どんどん売れるのに原料のイナゴがなかなか集まらない」と言う。国産ではまかないきれなくて、中国から輸入《ゆにゅう》されるイナゴも多い。でも、国産のイナゴを使いたいと、がんばって集めている会社もある。

たくさんのイナゴを集めるにはどうしたらいいんだろう？　みんなのおじいさん、おばあさんが子どもだったころ、日本では第二次世界大戦があった。このとき、食べ物が不足して困《こま》ったんだ。そこで目を付けられたのがイナゴだった。授業《じゅぎょう》を休みにして、低学年も高学年もいっしょうけんめい集めた。それが給食のおかずになった。そんなこともあって、イナゴ集めは小学校ではやりやすかったのだ。その経験もあって、長野県のつくだ煮屋さんは考えた。「小学校で採《と》ってもらおう！」。信州や東北地方で、小学校に頼《たの》んで、イナゴ集めが始まった。今から30年前ごろのことだ。イナゴ採りは、姿《すがた》を見つけては1匹《ぴき》1匹人の手で採る仕事だ。だから人手が多いほどたくさん採れるし、ピョンピョン飛びはねるのを追いかけるから、この仕事はすばしっこい子どもにも向いているんだ。

田んぼに出かけて子どもたちがいっせいに採り集める。大人《おとな》たちもそれに加わった。集めたイナゴを売って、図書館の本をそろえたり、ピアノを買ったりして小学校の設《せっ》備《び》を増《ふ》やしていく助けにした。今のベルマーク運動のようだ。大人たちの中には、せっかく働いて採って売れるのだから、採った人のお金にしようという動きも出たそうだ。子ども会でイナゴ採りをしたところもあった。

イナゴ採《と》りがあった日には、帰りの会で、つくだ煮《に》にしたイナゴが1匹《ぴき》ずつ配られたっていう話も聞いた。食べたことのない人たちにとっては、それはちょっといやなものでもあったそうだ。でも、イナゴ採りは害虫退治《たいじ》。農家の人たちに感謝《かんしゃ》されて、冬場にはその農家の人たちのイネの植わっていない田んぼに入って、たこ揚《あ》げしてもいいよと言われたそうだ。大人《おとな》と子どものギブ・アンド・テイクだ。子どもたちはイナゴ食産業の一端《いったん》を担《にな》っていた。

母のイナゴ採り

愛知県生まれのぼくの母は、子どものころからイナゴ採りが大好きだったそうだ。近所で採れなくなっても、いる場所を知ったら電車に乗ってまでも採りに出かけていたそうだ。２００８年の秋、ぼくが近所の田んぼに出かけてみたらイナゴが飛びはねていた。そこで母を誘《さそ》ってみた。翌朝《よくあさ》早く出かけようと、つかまえたイナゴを入れる

イナゴを採《と》ってみよう！

輪ゴム
トイレットペーパーのしん
使い古した手ぬぐいで作った袋《ふくろ》
イナゴが呼吸《こきゅう》できるよう風通しのいい素材《そざい》で作る。
イナゴ採り用の袋

正面へ
ジャンプ
するから
だけど
イナゴは頭からねらうと
つかまえやすいよ。
頭を持っておしりから
袋へいれようとすると
逃《に》げられやすいんだ。
だから
だから
どっちが採りやすいのか
考えてみよう
夢中《むちゅう》になって
田んぼの中へまで
入らないようにね！
おしりを持って
頭から袋へ入れると
逃げられにくいよ。
イナゴはおしりからねらうと
逃げられることが
多いんだ。
だから

袋《ふくろ》を前の晩《ばん》から張《は》り切って縫《ぬ》っていた。

田んぼに行くと、あぜ道にイナゴが見つかる。ジャンプするイナゴを目がけて手を伸《の》ばす。イナゴが飛びはねるのに合わせて、母もいっしょにジャンプしている。高齢《こうれい》なので、勢《いきお》い余《あま》って腰《こし》が抜《ぬ》けやしないかとハラハラするけど、「採《と》るのが楽しくてね」と言ってどんどん追い求めていく。本当に楽しそうだ。「昔はこういう葉っぱにたくさん止まっていて、朝早くから採りに行ったんだよ」「朝露《あさつゆ》で翅《はね》がぬれているから簡《かん》単《たん》に手でつかめるんだよ」と教えてくれる。母にならって試してみたが、イナゴはけっこうすばしっこく、なかなかつかまらない。長年の経験《けいけん》でつちかわれたコツがあるのだ。イネの中に逃《に》げこまれたらおしまいだ。くやしいが次を探《さが》すことにする。散歩する人たちも、足を止めて「昔はわたしも採りましたよ」となつかしがっていた。今は郊外住宅地《こうがいじゅうたくち》のはずれになってしまったところだけど、ちょっと足を踏《ふ》み入れてみれば、こんな自然にじかに触《ふ》れることができる。

イナゴを料理する

イナゴはつかまえてすぐに料理するものではない。袋《ふくろ》に入れたまま生かしておいて翌日《よくじつ》まで置いて、フンを出させる。このフンは草の実そっくりだ。

翌朝《よくあさ》、イナゴを袋から出して料理にとりかかる。袋の中でイナゴは元気に飛びはねている。まだ生きている。袋から不用意に取り出そうものなら、逃げられてしまう。かわいそうだがシメなければ料理に取りかかれない。この袋ごと熱湯につけて煮《に》てしまうのは一つの手だ。その後、水洗《みずあら》いしてフンやゴミを取り除《のぞ》く。

ぼくの母は、煮ると水っぽくなってカリカリしないからおいしくないといって、フライパンで煎《い》りつける。フライパンを熱して、フタを用意し、袋から一掴《ひとつか》みつかんでフライパンに投入すると同時にフタをする。タイミングをはずすと、イナゴは飛びはねて逃げていってしまう。フタをかぶせられたイナゴは中でピチピチはね、フタにバシバシ当たる音が響《ひび》く。何とも残酷《ざんこく》な気もするが仕方ない。やがてシューッという音

イナゴのつくだ煮《に》の作り方

①採《と》ってきたイナゴは
一昼夜おいて
フンを出し切らせる。

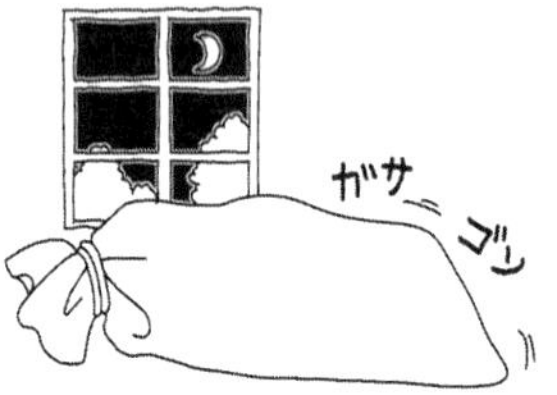

②フライパンをよく熱しておいてから

③イナゴを投入!
カリカリになるまで空煎《からい》りする。

④煎ったイナゴをさらに
半日くらいお日さまで
乾燥《かんそう》させる。

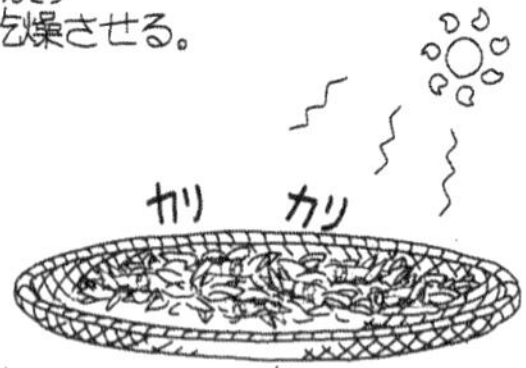

⑤翅《はね》の部分と後ろ脚《あし》の
ギザギザ部分をむしり取る。

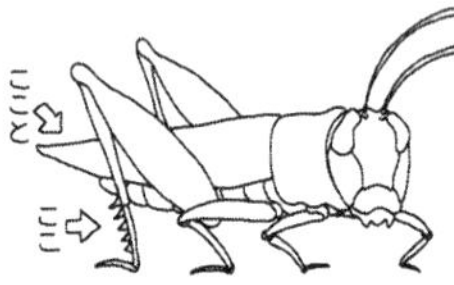

これでさらに食感がよくなる。

⑥調味料が
煮立ったら
イナゴを投入。

汁気《しるけ》がなくなるまで煮詰《につ》まったら

完成!!

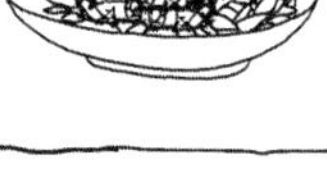

ごはんをおかわり
したくなる味だよ。

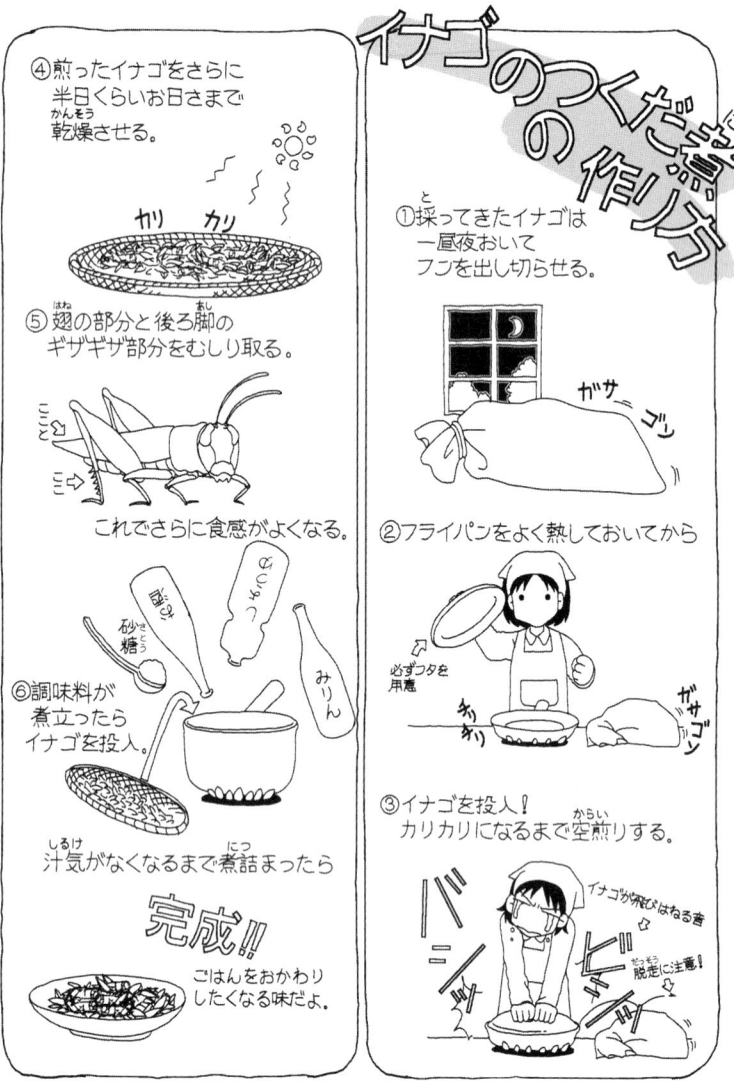

イナゴのつくだ煮《に》は秋のごちそう。

がしてくる。イナゴの体内の水分が蒸《む》される音だ。生きていたんだと実感する。ちょっとかわいそうな気にもなる。フタを開けてみると、緑色をしていたイナゴは煎《い》り上がって赤くなっている。エビを茹《ゆ》でるとみるみる赤くなる、そんな感じだ。おいしそうに見えてくる。これをザルにあけて天日《てんぴ》に干《ほ》す。そうするとより乾燥《かんそう》するので、できあがったものを口に入れて噛《か》むとサクサクと身がこなれて、おいしさが増《ま》す。

ここでもうひと手間、後ろ脚《あし》のギザギザ部分と翅《はね》をむしり取る。ついたままでは、口に入れたときギザギザが引っかかって苦になるし、翅《はね》のもさもさした感じはおいしくない。食べにくい部分はあらかじめ取り除《のぞ》くひと手間をかけるのは家庭料理ならではのものだ。市販《しはん》のものではそれがされていない。1匹《ぴき》1匹つまんでは、むしり取っていくのは、その分労賃《ろうちん》がかさんでしまうからだ。だが、こういう下ごしらえに手をかけてこそ、手作りならではのおいしい料理になる。

こうして準備《じゅんび》したイナゴを味付けする。鍋《なべ》にイナゴがひたる程度《ていど》のしょうゆと酒を入れる。煮立《にた》ったところで味見をしてみる。少し辛《から》めならばみりんを足す。母は甘《あま》いのはいやだと砂糖《さとう》はあまり入れない。ここに、イナゴをばさっと入れる。かきまぜながら煮汁《にじる》と絡《から》め、煮詰《につ》めていき、汁気《しるけ》がなくなればできあがり。

採《と》ってきたイナゴを乾燥《かんそう》させ、脚《あし》と翅《はね》を取り除いた食べられる分は、65グラムだった。食べ物の価値《かち》を考える場合、まずは「おなかがふくれるか、体によいか」と、エネルギーや栄養に目がむく。65グラムのイナゴから得られるエネルギーを計算してみると……。1時間かけて動き回って採り、下ごしらえする時間を考えたらこの仕事は

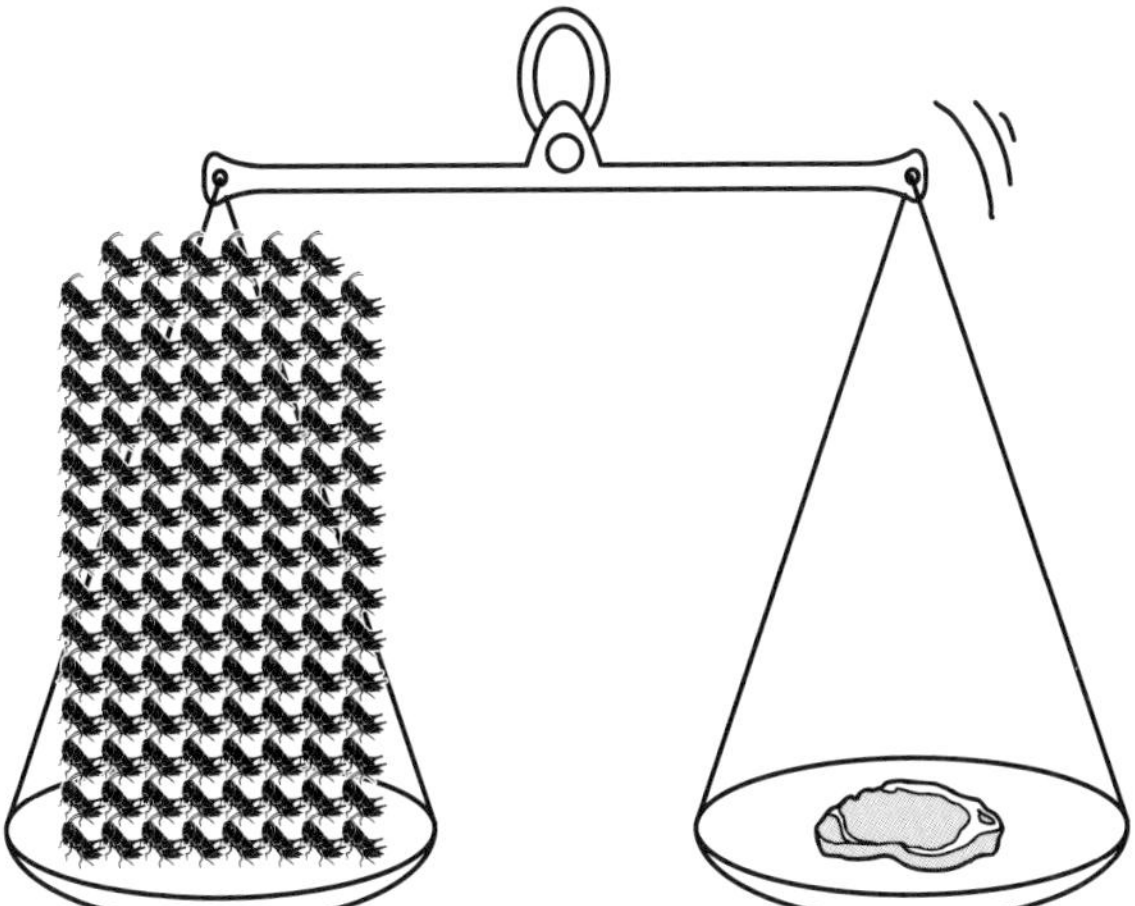

イナゴと牛肉のカロリー比《くら》べ。牛サーロイン100gは299kcal《キロカロリー》。

楽だろうか？　それともたいへんだろうか？　1時間あぜ道を歩き回って採集《さいしゅう》するのを、ハイキングと同じ活動とすると、体重60キログラムの人で1時間あたり180〜420キロカロリー消費することになる。それに対して、イナゴから得られるのは、しょうゆと砂糖も加えたつくだ煮《に》にして、174キロカロリー。さしひきマイナスだ。しかも、採った人ひとりですべて食べきるのではない。家族で分けて、ご飯のおかずにしたり、お酒のおつまみにしたり。

　エネルギーだけで考えると、こんなイ

ナゴ食はとても採集《さいしゅう》の労力に見合わない。でも、母や昔から食べてきた人々《ひとびと》にとっては、秋には一度は食べたい旬《しゅん》の味なのだ。前にふれた「ふるさとの味」だ。もちろん、世界ではたくさん採《と》れるイモムシやシロアリなどエネルギー源《げん》に十分なりうる虫もいる。でもこれらも採ることのできる時期は限《かぎ》られている。秋の旬を味わうのは、エネルギーとは別の人間の楽しみだ。

いっぽう、ふだんの食事で当たり前のように食べているウシやブタなどの家畜《かちく》を育てるのに、どれほどのエネルギーを要しているのだろう？　そのための場所は？　食べ物が作られるにはさまざまなコストが必要だ。食べることの意味はひとつのものさしでは測《はか》れない。どんなことがあるか考えてみよう。

はじめて食べてみると

母が料理してくれた日はちょうど、ラジオ番組の収録日《しゅうろくび》だった。昆虫食《こんちゅうしょく》がテーマだったので、ぼくはできたてのイナゴのつくだ煮《に》を持参した。女子アナウンサーは、初めてのイナゴだったそうで、容器《ようき》を開けて姿形《すがたかたち》のある料理が目に入ってきて、思わずのけぞった。いかにもいやそうだったけど、挑戦《ちょうせん》してくれた。目の前に出されたイナゴをおっかなびっくりではあったが手に取った。「味付けは……すごく……おしょうゆの香《こう》ばしい香《かお》りがしていて……いいですよ」。ちょっと苦しそうだった。でも、「1匹目《ぴきめ》は、思い切り水で流しこんでしまったのは失敗でした。味がわからなかったです。2匹目をいってみます」と再《さい》チャレンジ。こんどはじっくり味わっているようだ。「〝エビ〟だと思えば大丈夫《だいじょうぶ》」。キャスターが「似《に》たような感じですよね」と言ったが、アナウンサーはさらに噛《か》みしめながら「でも、ちょっと待って下さいよ。独特《どくとく》の甘《あま》みとか、エビにはない深みがあります」。「あ、これはいいかも。お酒のおつまみにとてもいいですね。頭のほうは食べられないのですが、おなかの部分は非常《ひじょう》に奥《おく》の深い味。甘みというか、コクがありますね」。

どういう味わい方ができるだろう。みんなも試食してみようと思うかな?

ほかのバッタはどうだろう

草地にはまだまだいろんなバッタがいる。イナゴが食べられるってわかったら、ほかのバッタの仲間はどうなんだろう？　長野県のおじさんが昔を思い出して話してくれた。「いちばんおいしいのはアブラギス（クサキリ）だなぁ。ショウリョウバッタもつかまえたよ」。「カマキリもおいしかった」。オンブバッタ、ツユムシ、コオロギ、ケラも食べられていたんだ。バッタとひと言で言っても、それぞれで味が違《ちが》っている。でもどこでも食べていたわけではない。どうしてイナゴだけが好まれたのだろう？　たくさん採《と》れるからだけだろうか？

何を食べ物にするかは各地の人々《ひとびと》で違っている。先に登場したぼくの母は、イナゴやはちの子は食べるけれども、イモムシと聞くといやな顔をする。それぞれの地域《ちいき》の人たちがどんな種類の虫を食べ物とみなしているのか、また、ある地域で食べられている虫が、その回りの地域でも食べられているのかどうかを調べてみるのもおもしろ

カマキリ

ショウリョウバッタ

ツユムシ

オンブバッタ

い。地域独自《どくじ》の料理である理由やそれゆえの工夫《くふう》、こだわりもみえてくる。食べる人たちは、自分たちの食べ物を誇《ほこ》りにしている。

「虫の声」という童謡《どうよう》を歌えるかな？　マツムシ、クツワムシ……いろんな虫の音の歌だ。同じように「虫の味」もいろいろなんだ。

日本では、すっかり食べられなくなってしまったけど、外国へ行けば、いろんなバッタが今も食べられている。こんどはそんな様子《ようす》をみに外国へ出かけてみよう。

第二章　コオロギは町のごちそう
――ラオスの暮《く》らしと自然への信頼《しんらい》――

秋の市場

東南アジアの国ラオスの首都、ビエンチャン。空港に降《お》り立ち、ゲートをくぐるとおおぜいの人たちが家族や訪問客《ほうもんきゃく》をにこやかに出迎《でむか》えにきている。日本人とよく似《に》た顔立ちで、人なつっこそうな表情《ひょうじょう》をした人たちだ。

ラオスという国はどこにあるか地図で確《たし》かめてみよう。日本の位置からたどってみよう。日本はアジアの大陸のはずれにある島国だ。日本から西にいくと海を越《こ》えて大陸が広がっている。海沿《ぞ》いに南下するとベトナムがあり、山を越えた西側にラオスがある。北に中国、西にタイとミャンマー、南にカンボジアと、四方を別の国々《くにぐに》に囲まれた海のない国だ。北の方は山が深く、北から南にかけては東南アジアの大河《たいが》メコン川が流れ、平原地帯が横たわっている。ベトナムとの国境線《こっきょうせん》は山脈に沿《そ》っている。

日本からは、飛行機でタイのバンコクかベトナムのホーチミンで乗りかえ、朝出れば夜にはビエンチャンに到着《とうちゃく》できる。

　正式名はラオス人民民主共和国。人口は約570万人（2006年）で、北海道と同じくらいだ。面積は23・7万平方キロメートルあり、日本の国土面積の6割《わり》ほど、

ビエンチャン郊外《こうがい》の市場

本州と同じくらいの広さだ。約70の民族が独自《どくじ》の文化を持って暮《く》らしているところだ。

町についたら市場へ出かけてみよう。人々《ひとびと》の暮らしが見えてくる。米やおかずなどの食料品、衣服、道具、アクセサリー、CD《シーディー》など暮らしに必要なものが並《なら》んでいる。市場は、町に暮らす人、遠くから買い出しに来た人、品物を持ってきた人、売る人たちでごった返している。人々の日常《にちじょう》の暮らしに触《ふ》れられるところだ。食品売り場には新鮮《しんせん》なものがいっぱいで、人も活気づいている。「おいしいのはどれ?」「もっとおまけしてよ」。にぎやかなやりとりが

食品売り場にはいろいろな虫が並《なら》ぶ。

交《か》わされている。人々が何を食べているのだろう、どれくらいお金を使うのだろう、いろんなことがわかってくる。

食品を売っている人たちの販売台《はんばいだい》に虫が並んでいるのが見つかる。日本と同じイナゴのほかに、コオロギ、クツワムシ、トノサマバッタ、ケラ……いろんなバッタが売られている。生きて網袋《あみぶくろ》に入っているのもあれば、タライに入っているものもある。すぐ食べられるように油で揚《あ》げて調理《ちょうり》済《ず》みのもある。大きな皿《さら》に盛《も》られていて、計り売りで欲《ほ》しい分だけ買うことができる。黒くつるつる光るゲンゴロウやガムシ、大き

1匹《ぴき》ずつ丹念《たんねん》にコオロギを選ぶ。

なタガメも生きたまま売っている。カブトムシもここではペットではなく食べ物だ。セミやカメムシだって売り物だ。巣に入ったままのスズメバチの幼虫《ようちゅう》やサナギも人気がある。虫はラオスでは人気の食材だ。活《い》きの良いのを買おうとお客さんが店の人にたずねている。都会のオシャレな出で立ちの女性《じょせい》が1匹《ぴき》ずつ丹念《たんねん》においしそうなコオロギを選《よ》っている。今晩《こんばん》のおかずだろうか。日本の都会ならさしずめデパート地下食品売り場のようだ。でも、がさごそ動いている生きた虫もたくさんいるところがちょっと違《ちが》う。

こんな虫はどうやってつかまえてくるのだろうか？　虫の産地の村へ出かけてみよう。

イナゴ採《と》りに励《はげ》む

首都ビエンチャンの中心から車で30分も走れば、水田が広がる農村地帯になる。秋の一日、稲刈《いねか》りのシーズンだ。稲刈りにいそがしい田んぼもあれば、もう収穫《しゅうかく》してしまったところもある。道を進んでいくと、田んぼの中、駆《か》け回っている子どもたちを見つけた。２人で網《あみ》を持って走っている。「イナゴ採りだ！」。ピンと来てぼくは近づいていった。お姉さんと弟の２人が採っている。田んぼのふちまで走ってきて止まったところで、網の中を見せてもらうと、やはりイナゴが入っている。日本のイナゴと同じ種類だ。

採っているところをしばらくの間、見せてもらった。そのうち、いっしょに採らせ

イナゴ採《と》り。研究仲間もいっしょに網《あみ》を持って走る。

てもらうことになった。田んぼの中を駆《か》け回るのは足元をとられてたいへんだ。でも速く走らないとイナゴが逃《に》げてしまう。口の大きな網《あみ》は、たくさん入ってくるけど、逃《に》げられやすい。網を下向きにしていないと、飛びはねるイナゴをつかまえそこねてしまう。

また別の村へ行ってみた。ちょうど夕暮《ゆうぐ》れどき。子どもたちが大きなたも網を持って草むらを走っていた。こっちもイナゴ採《と》りだ。網が逆光《ぎゃっこう》に輝《かがや》いて見えて、背後《はいご》に見える子どもたちの村では料理をする煙《けむり》がたなびいている。幻想的《げんそうてき》だ。

夕暮《ゆうぐ》れどき。子どもたちがイナゴ採《と》りの網《あみ》をふるう。

別の村では、お母さんがひとりで網を振《ふ》るっていた。持っている網を見せてもらった。肥料《ひりょう》の袋《ふくろ》を竹竿《たけざお》に付けている。廃物《はいぶつ》を利用した手製《てせい》の網だ。ラオスでは稲刈《いねか》りは手作業だ。鎌《かま》で穂《ほ》だけを刈り取っていく。残った部分はウシや水牛のエサになる。だから、田んぼには収穫《しゅうかく》の後でもイネが生《お》い茂《しげ》っている。イナゴを採ろうと手を伸《の》ばしても、そんな中に逃げこまれてしまう。網は大事な道具だ。

各地でいろんなイナゴ採りをみることができた。ぼくは、ラオスの村の暮《く》らしに入りこんでじっくりと調べたくなった。

ラオスの村に住む

ラオスへ行く以前、ぼくはタイで、農業と、村人の自然資源《しげん》利用の特徴《とくちょう》を調べていた。これから人口も増《ふ》え、発展《はってん》も進む東南アジアで農業や農村の生活はどうなっていくのだろうと考えて、変化する様子《ようす》を調べた。タイは１９８０年代から近代化が進み、村の暮《く》らしも大きく変わり、農業に代わって工場に働きに出る人が増え、都会に出てしまう人も増えた。みんないそがしくなってきた。農業のしかたが変わり、食生活や自然の利用の仕方も変わった。採《と》れなくなったり食べなくなったりした虫がいろいろあった。日本と同じような変わりようだった。けれども、都会に出た人たちが虫料理をなつかしんで、虫料理の人気が出てきた。その需要《じゅよう》が増えたため、農村では虫をたくさん採り集めることが商売になった。１９９０年代には、紫外線《しがいせん》ライトを用いた専用《せんよう》の虫採りの道具も普及《ふきゅう》していた。

いっぽう、となりの国ラオスはタイのような近代化をまだ迎《むか》えていなかった。同じような土地をしているメコン川の川向こうのラオスに行けば、もっとこの土地に合わせた暮らしの原型が見えるかもしれない。そうするともっといろんな虫も食べているかもしれないって考えた。そうして、村の暮らしを解明《かいめい》してみようと計画を立てた。

初めてラオスを訪《たず》ねたときは、北部の山地から南部の低地までいろいろまわって様《よう》子《す》を見てきた。その中で、ぼくは農村地帯に関心をもった。田んぼを作り農業をしながら、いろんな野生の動植物を採っている。自然環境《かんきょう》と人が手を加えた環境とが入り混《ま》じり、農業の仕事と自然を相手にした活動とがいっしょにみられることにおもしろさを感じたのだ。

東北タイで見かけた、紫外線《しがいせん》ライトつきの虫採《むしと》り道具。

そして、2003年からラオスの国立農林業研究所やラオス国立大学地理学科の先生たちと協力して、農村の人々《ひとびと》の暮《く》らし方と、発展《はってん》している都市の影響《えいきょう》が農村にどのように及《およ》ぶのかを、首都ビエンチャンの周辺の農村で調査《ちょうさ》することにした。

ぼくたちは、この土地の自然、農業、暮らしを総合的《そうごうてき》に解明《かいめい》しようと研究チームを作った。そのチーム名は「ズブズブ隊」。「ズブズブ」とは、みんなも知っている日本語で、水たまりやぬかるみを進んでいくときの音を表す。ここは、一年のうち、5月〜11月ころの半年間は雨の多い「雨季」、12月〜4月ころは雨がほとんど降《ふ》らない「乾季《かんき》」だ。雨季には川があふれて、あたり一面水びたしになっている。そんな中でも大人《おとな》も子どもも外に出て元気に動いている。ぼくたちもどんなぬかるみでもいっしょについていき、肌《はだ》で暮らしを感じ取っていこう、そういう思いをこめて付けた名前だ。ロゴマークも作った。これは現地《げんち》の人々《ひとびと》にぼくたちを知ってもらうきっかけ

「ズブズブ隊」のマーク
(漫画《まんが》家《か》犬山《いぬやま》ハリコさんのデザイン)

調査《ちょうさ》のため住みこんだ「ドンクワーイ」村

としてとても役立った。

調査するからには村人の暮らしをじっくりみてみたいし、ゆっくり話も聞きたい。ひと夏かけてビエンチャン周辺のサイタニー郡の１０４すべての村を調べて回った後、集中的に調査をするのにいちばんいい村を決めた。村の大きさや村人の暮らしの様子《ようす》が調査の目的に合っていたこともあるけど、村で感じた印象《いんしょう》も大きかった。会った人たちの接《せっ》し方、家々《いえいえ》の様子、村の雰《ふん》囲気《いき》がとても良かった。

しかし、ラオスでは外国人が村に住むことは難《むずか》しい。研究所の所長さんや村長さんたちと相談を重ねて、村の人たちも使える施設《しせつ》を村に建て、そこに住んで調査《ちょうさ》することで受け入れてもらえることになった。

その村の名前は「ドンクワーイ」村。日本語で言うと「水牛《クワーイ》の森《ドン》」村。その名の通り、森が多くて、水牛も多い。水牛はイネを植えるために田んぼの土を起こしたり、ものを運ぶのに働いたりする大切な動物だ。最近は耕耘機《こううんき》が増《ふ》えてきて働く機会は少なくなったけど、水牛の肉は食べ物として売れるので家畜《かちく》として飼《か》われている。放牧して育てれば子ウシも増えていく。

村のシンボルとなっている金色の雌雄《しゆう》の水牛の像《ぞう》がある。今は役場の庭に鎮座《ちんざ》している。村人の大切な水牛を、そして村人を見守ってきた。

村人はぼくたちを受け入れてくれたものの、最初はとまどったようだ。村に道路を造《つく》ったり、開発したりするために来たのではないとしたら、何をするんだろうって不安に思ったらしい。だけど、「はるばる外国からやって来たみんなが、この村がいいと思ってくれたんだ。だからわたしたちにもいいことがあるんだろう」って村人の1

人から言ってもらえた。いっしょにごはんを食べて、「おいしいね」っていう時間を過《す》ごしたり、祭りでいっしょに踊《おど》ってわいわい楽しんだりする。そうやって仲良くなって、仕事もみせてもらったり、家のことを調べさせてもらったりするようになった。こうして「ズブズブ」の名前も村人たちに受け入れられてきた。

村では、ラオス国立大学の地理学科の先生や学生の人たち、ラオス国立農林業研究所の研究員の人たちともいっしょに調査している。なかでも、研究員のセンドゥアンさんは、いつもいっしょにいてくれる。田舎《いなか》育ちだという彼《かれ》は、村人の仕事や食べられる動植物のことをよく知っている。村人たちとぼくたちの仲立ちもしてくれる。日本から来る学生たちの面倒《めんどう》もよくみてくれる。ぼくたちの頼《たよ》れるお兄さんだ。共同調査を始めた後、結婚《けっこん》して男の子も誕生《たんじょう》した。ラオスの人たちは、あだ名で呼《よ》び合うことが多い。男の子のあだ名は「ズブズブ」になった。

こうして調査の準備《じゅんび》を整えて、ぼくは虫の採《と》り方、食べ方をはじめ、村の自然を村人がどれほどうまく利用しているか、いろんな虫が暮《く》らしにどう役立っているのかを調べ始めた。

田んぼと暮《く》らし

ドンクワーイ村のような平原の農村の環境《かんきょう》と暮《く》らしをもう少し紹介《しょうかい》しよう。一年の気候は、雨の降《ふ》る雨季と、雨がほとんど降らずカラカラに乾《かわ》く乾季《かんき》とに分けられる。とくに3〜5月は暑季《しょき》と呼《よ》ばれ、もっとも暑くなる。一年の平均《へいきん》気温は26・5度、降《こう》水量《すいりょう》は1600ミリほどだ。雨季には蒸《む》し暑い日もあるけど、乾季の晴れた日は湿《しつ》度《ど》が少ないのでからっとしている。炎天下《えんてんか》は日差しが強くても、日陰《ひかげ》に入れば意外に涼《すず》しい。冬の寒い日には15度くらいまで下がることもある。長袖《ながそで》の服は欲《ほ》しいけど、凍《い》てつくようなことはない。

5月の初めころに雨が降り出す。稲作《いなさく》の仕事の始まりだ。田んぼの土を起こし、水がたまれば、田植えをする。手で植えていくので家族総出《そうで》で行う。

天水田《てんすいでん》。水がたまれば家族総出《そうで》で田植えをする。

この村の田んぼは、雨水だけで水をまかなって作られることが大きな特徴《とくちょう》だ。これを「天水田《てんすいでん》」という。天水田では、雨の降らない乾季には米作りはできない。「せっかく気温が高くて、植物の生長も早いのに、土地をあけておくなんてもったいない。水を引いてイネを栽培《さいばい》すればいいのに」。そう思う人は、イネの特徴と作り方をよく勉強している。日本もそうだけど、川や、ため池を作って、そこから用水を引いて個々《ここ》の田んぼに水を入れていく、灌漑《かんがい》水田だ。ラオスでも灌漑整備《かんがいせいび》を進めているところもある。たくさん米が穫《と》れれば、農村の暮《く》らしも良くなると考えられるからだ。ドンクワーイ村にも灌漑《かんがい》水田が少しある。だけど、そんなに広がっていない。周辺の村でもそうだ。

これはどうしてだろうか？　灌漑するには用水路などの工事が必要だ。ラオスを流れる川は、平地を削《けず》りこんで流れている。上流から水を引くには長距離《ちょうきょり》の用水路を建設《けんせつ》しなければならないし、川から水をくむには動力ポンプが必要だ。こういう建設費や、用水路を維持《いじ》する費用、ポンプの燃料代《ねんりょうだい》や修理《しゅうり》代《だい》も必要だ。そのお金がけっこうかかる。米を売って儲《もう》けようにも実際《じっさい》にはそこまで儲からない。また、水を田んぼに取ってしまうと川の水量が減《へ》ってしまう。田んぼに水をずっと入れていると、土の状態《じょうたい》も変わってしまう。田の水が干上《ひあ》がると、塩分が上昇《じょうしょう》してしまう恐《おそ》れもある。土地そのものがだめになっては元も子もない。こういう影響《えいきょう》も考えないといけない。日本とは土地の形も性質《せいしつ》も違《ちが》う。さらに社会も人々《ひとびと》の考え方も違うだろう。農村の人たちは、米作り以外にもいろんな仕事がある。農業をより良くしていくには、いろんな条件《じょうけん》を整えていかねばならない。なかなかそれは難《むずか》しいことなんだ。

土地の様子《ようす》は、同じ場所であっても雨季と乾季《かんき》の織《お》りなす季節の変化によって、雨が降《ふ》れば水につかり、乾《かわ》けばそこは大地となる。そして水のつかり具合で大きく変わる。この変化に応《おう》じていろんな生物がすみつく。それらは村人にいろんな恵《めぐ》みをもたらす。村とその回りの様子の季節による違いを、次のページの2枚のイラストで表してみた。どちらも同じ場所だが、水辺にも陸にもそれぞれの場所にいろんな生物が出現《しゅつげん》し、それらをとって利用することができる。乾季の田んぼを見直してみると、じつは土地が使われていないのではなくて、乾季ならではのいろんな恵みがあることがわかってきた。穂《ほ》を刈《か》り取った後の稲《いな》わらはウシや水牛のエサとなり、放牧場となる。田んぼの中には木が生えていることもある。食用になる木の葉や木の実もあるし、鳥やトカゲや虫のすみかにもなる。丘《おか》の上の田んぼの木立ちの根元にいるタニシがいちばんおいしいんだということも聞いた。干上がった田んぼや川も掘《ほ》り起こすと、中からカエルが捕《と》れる。田んぼという土地で育ち得られるものはイネだけではないんだ。

村にいると、村人たちは米を作らない乾季でも、ひんぱんに田んぼの方へ出かけて

雨季《うき》

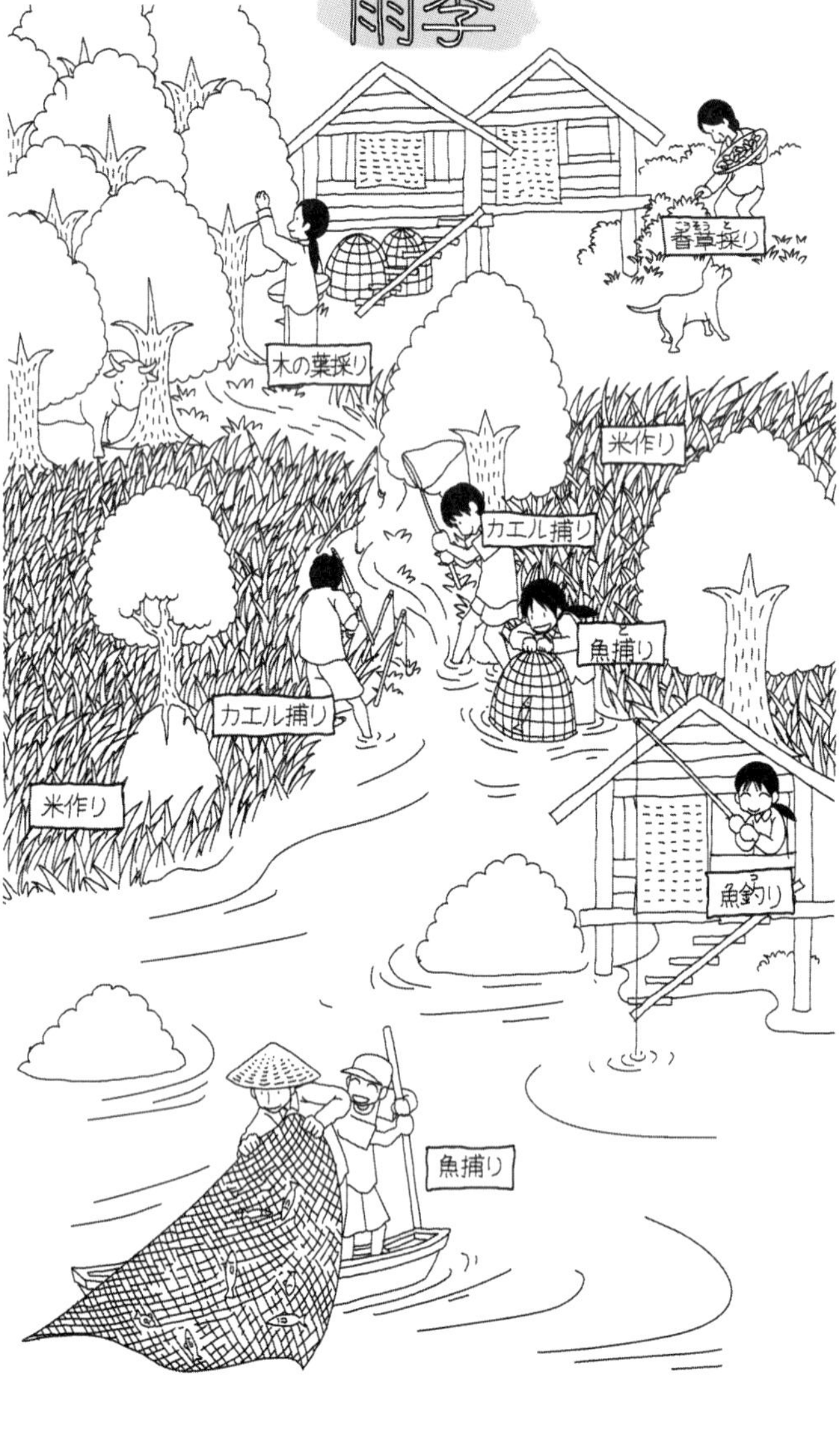
香草《こうそう》採《と》り
木の葉採り
米作り
カエル捕り
魚捕《と》り
カエル捕り
米作り
魚釣《つ》り
魚捕り

乾季《かんき》

カメムシ採《と》り
コオロギ採り
カニ採り
トカゲ捕り
ツムギアリ採り
セミ採り
タニシ採り
フンチュウ採り
カメムシ採り
カエル捕り
魚捕《と》り
ツムギアリ採り

ラオスの自然の恵《めぐ》み——同じ場所でも
季節が変わればいろいろとれる。

高床式《たかゆかしき》の家

いた。やることがなく日がな一日暇《ひま》に過《す》ごすというものではなかった。

集落は村の中一か所にかたまっている。町から続く道路沿《ぞ》いに家が並《なら》んでいる。地面から高い柱を立てて、部屋の下が大きく開いている高床式《たかゆかしき》の家だ。そこには農具が置かれたり、家畜《かちく》が飼育《しいく》されていたりする。道具を作る作業場にもなる。道路の行き止まりには寺が建つ。村を訪問《ほうもん》したらお参りしておこう。ラオスの人たちは仏教の信仰《しんこう》があつい。お参りにも熱心だし、殺生《せっしょう》しない日も設《もう》けられている。

道を歩いていると、家の中や庭で仕事を

している人たちがみんなにこやかに声をかけてくれる。「サバーイ・ディー（こんにちは）」。鶏《にわとり》や犬も放し飼《が》いで走り回っている。家の裏手《うらて》には田んぼが広がっている。さらにその外には森があり、森を抜《ぬ》けていくと、また、田んぼが広がっている。

遠くに田んぼがある家は、集落を離《はな》れて秋の収穫《しゅうかく》まで田んぼのあるところに家を構《かま》えて過《す》ごす人たちもいる。出作《でづく》り小屋というんだ。小屋といっても日常生活《にちじょうせいかつ》に十分なように整えられている。稲作《いなさく》をする雨季には、川があふれて田まで通うのがたいへんだし、家畜のウシや水牛のエサもこちらのほうが得やすい。田んぼの回りには水につからない森があり、下草《したくさ》がエサになる。森ではさまざまな山菜や虫も採《と》ることができる。おかずには事欠かないし、そういうものを売りに出すこともできる。

雨の夏の日

雨季には、一度にまとまって降《ふ》る時期がある。日本の梅雨《つゆ》のようだ。このときには川があふれることもある。だけど、村の暮《く》らしには恵《めぐ》みの雨と水だ。

田からあふれた水辺で魚を捕《と》る子どもたち

雨が降《ふ》り続くと、みんなは外で遊べなくていやになるかもしれない。だけど、この村の子どもたちは雨降りを待っている。田んぼにいっぱいにたまった水があふれて、小川に流れる。そのときに魚もいっしょに流れ出る。イネの植わった田んぼには入りこめないから、このときが絶好《ぜっこう》の魚捕《さかなと》りのチャンスだ。男の子も女の子も網《あみ》やザルのような道具を持って出かけていき、小川で魚捕りに励《はげ》んでいる。晩《ばん》ごはんのおかずだ。

夜にはあぜ道でカエル捕り。ヘッドランプを点《つ》けた男の子たちが連れだって捕りに行く。

女の子たちは、田んぼのあぜ道や休耕田《きゅうこうでん》の中で草を摘《つ》んでいる。日本でもツクシやセリ採《と》りがある。春の七草を知っているかな。それと同じだ。ラオスの村では日本よりもはるかにたくさんの種類の野草がおかずに使われている。甘《あま》いのや酸《す》っぱいの、苦いのや渋《しぶ》いのも好まれている。農薬がまかれていない分、田んぼに生えている草も多いが、ここでは雑草《ざっそう》ではなく食べ物だ。お母さんたちも摘んで、たくさん穫《と》れれば市場にも出荷する。

実りの秋に

イネが実り出すと、害虫が発生する。農薬をほとんどまかないラオスは虫もたくさんいる。イネを食べてしまう虫もいる。なかでもカメムシの被害《ひがい》は深刻《しんこく》だ。せっかく穂《ほ》が出てきたところで汁《しる》を吸《す》ってしまうから、実に栄養が行き届《とど》かなくて、黒く変色したり、実りが悪くなったりしてしまう。でも、農薬はまかれていない。農薬を買うお金がないからだと村人は言う。

生きたカメムシを食べるセンドゥアンさん

ある日、ぼくはセンドゥアンさんといっしょに田んぼに出た。カメムシがたくさん止まっている。センドゥアンさんは、「このカメムシは食べられるんだ」と言って、手でつまみとって、ぱくっと口にした。「生きたカメムシを食べるなんて!?」。ぼくはびっくりした。生きているカメムシは敵《てき》から身を守るために、攻撃《こうげき》されるととてもくさいにおいを出す。とても強烈《きょうれつ》でいやなにおいだ。手でつまみ取れば当然そのにおいを出す。でも、ぱくっと食べた。

センドゥアンさんが食べるんだからきっと大丈夫《だいじょうぶ》と、ぼくも試してみた。手に持つと、やはりくさい。でも、口に入れてみた。すると、意外なことに甘《あま》いような味が口の中に広がった。小さな体からぷちっとはじけて広がる。頭の中にいっぱいの花が咲《さ》いたような感じだった。1匹《ぴき》からはじける味わいは決して悪いものではなかった。

ほかの人にたずねてみたら、生きたカメムシを食べることには、村人の反応《はんのう》はさまざまだった。いちばんおいしいのは「生をつぶしておかずにするのだ」と言う人もいた。「くさい」のではなく、ツンときついにおいがいいんだそうだ。ワサビをたっぷりそえて刺身《さしみ》を食べることと同じなのかもしれない。

センドゥアンさんはある日、調査《ちょうさ》メンバーたちの前で言った。「おれは田舎《いなか》育ちだからカメムシを生で食べることができるんだ」。その自信に満ちた顔は清々《すがすが》しかった。自分でものを確《たし》かめ、そして経験《けいけん》を積み重ねて、自然の使い方を体で覚えていくんだ。村の環境《かんきょう》は毎年変わる。いろんな状況《じょうきょう》に合わせて対処《たいしょ》できる力は、こんなカメムシを食べるって発想にヒントがあるんじゃないかなと思った。

コオロギ採《と》りの日々《ひび》

稲刈《いねか》りが一段落《いちだんらく》ついた10月。日本では、夜になると虫の鳴き声がにぎやかに聞こえてくるころ、さわやかな季節だ。ここラオスでもコオロギやイナゴの季節だ。だけど、鳴き声を愛《め》でるのではない。食べるために採《と》っていくんだ。

ぼくは、コオロギ採りを見るために、朝から出かけるお母さんたちのグループにお願いしていっしょについていくことにした。みんな、野良《のら》仕事で使う掘《ほ》り棒《ぼう》を手にして、獲物《えもの》を入れるカゴを提《さ》げている。

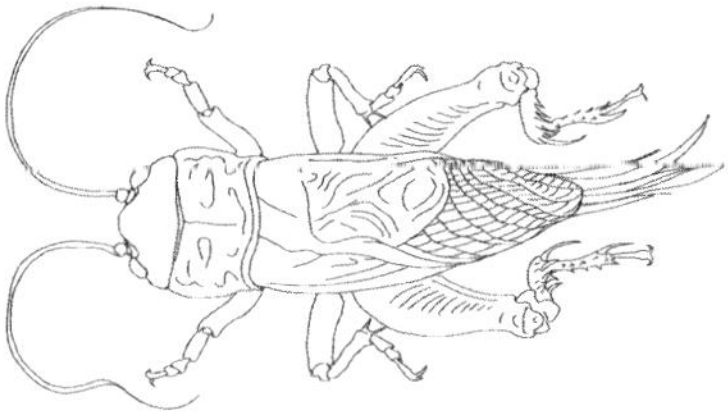

コオロギ

どこで見つけるのだろう？　どうやって採るのだろう？　どれほど時間をかけて、どれだけ得ることができるか、つぶさにノートに記録していく。人工衛星《じんこうえいせい》の電波を受け取って位置を測定《そくてい》するGPS《ジーピーエス》という道具を使って、どういう経路《けいろ》をたどったか、ど

掘《ほ》り棒《ぼう》とカゴを手に、コオロギ採《と》りに出発。

こでコオロギを採ったかも同時に記録する。後からそのルートを地図にしてみるんだ。だけど、みんなのじゃまになってはいけない。つかず離《はな》れず、見やすい位置に立つことが必要だ。村の道路をしばらく歩いて、道をそれて田んぼ地帯に入っていった。いよいよコオロギ採りの始まりだ。

もう稲刈りは終わっている。竹で作った鈴《すず》をつけたウシや水牛も「カラン、コロン」と音をさせて出歩いている。稲刈りの後の藁《わら》を食べにきているんだ。遠くまで響《ひび》くこの音で、飼《か》い主《ぬし》は放牧した自分のウシや水牛がどこにいるかわかるそうだ。

水田の中には木が生えている。場所によっては、林の中に田んぼがあるように見えるところもある。日本だったら、木があったら農作業のじゃまになるんじゃないか、木が生えている分を伐《か》ってしまえば、イネをもっとたくさん植えて収穫《しゅうかく》することができるんじゃないか、って思ってしまう。だけど、この木立ちは、イネの生育や村人の暮《く》らしに大切なことがわかってきた。木は肥料《ひりょう》をもたらし、鳥や虫、タニシにも生息の場を提供《ていきょう》する。大きくなれば材木にもなる。また、精霊《せいれい》が宿ることもあると信じられている。田んぼのしくみにも興味《きょうみ》がわいてくる。

さて、お母さんたちは、めいめいに地面を観察しながら歩いている。突然《とつぜん》立ち止まり、しゃがんで掘《ほ》り棒《ぼう》で地面を掘り始める。コオロギの巣穴《すあな》を見つけたんだ。掘り進めていく手を止めると、手で土を除《よ》けて、穴の中に手を突《つ》っこむ。指で探《さぐ》って穴の奥《おく》にひそむコオロギを手でつかまえる。逃《に》げられないようにすばやくカゴにしまう。体長3センチメートルほど。日本のコオロギよりも大きい。タイワンオオコオロギという名前がついている。

コオロギを採《と》る

まずこれがなくてははじまらない

掘《ほ》り棒《ぼう》

カニ・フンコロガシ・カエル採り
畑仕事にも使う。
外へ出かける時の必需品《ひつじゅひん》

採れた！

コオロギの巣　サラサラで小さなつぶつぶの土が目印！

この巣はきっとオス

地面にはいろんな巣穴《すあな》が
あいているよ。
見ただけで穴の中にいる生き物が
オスかメスかまでわかっちゃうんだって！

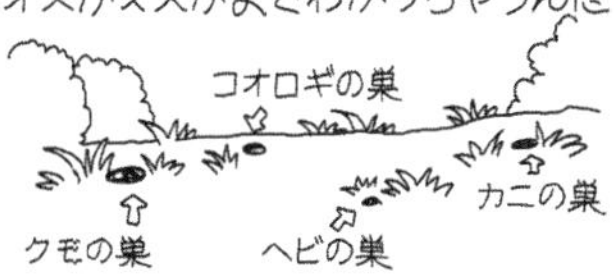

コオロギ採りの時間は楽しいおしゃべりの時間

まずは、巣穴《すあな》を見つけることから始まる。目が慣《な》れてくると、地面に穴が空いているのがわかる。いろんな穴が空いている中からコオロギの穴を見つける。穴を掘《ほ》り出した土が盛《も》られているもの、その土が湿《しめ》っているもの、足跡《あしあと》がついているものがねらい目だ。穴を掘ってひそんでいる証拠《しょうこ》だ。掘《ほ》り棒《ぼう》で掘るとき、うっかりコオロギを掘り棒の刃先《はさき》でつぶしてしまわないように慎重《しんちょう》に進めなければならない。穴の格好《かっこう》から、どの方向でどれくらいの深さのところにいるか、経験的《けいけんてき》に判断《はんだん》する。運が良いと、ひとつの穴から2匹《ひき》、3匹《びき》採《と》れることもある。一カ所で集中して採るのではなく、歩きながら、ぐるりと一周するようにして採っていく。日差しはまだ強く暑い。お母さんたちは、慣れないぼくの足取りを見て、疲《つか》れているんじゃないかと心配してくれる。ぼくの姿《すがた》はぼーっとしているように見えたのかもしれない。けれどもその姿とは裏腹《うらはら》に、頭の中はおもしろいことを見続けていて、いろんな発見があってうきうきしている。

田んぼが広がっていても、歩いていくのは田んぼと森の境目《さかいめ》あたり。木や下草の茂《しげ》る森の中だと探《さが》すのもたいへんそうだ。だけど、こういう境目なら探しやすい。虫にとってもすみ心地の良い場所のようだ。「1月になると田んぼにもコオロギは巣を作るのよ。だけど巣穴が深くなるから掘り採るのがたいへんなんですよ」とお母さんは説明してくれる。これからの時期は、田んぼはイネにかわって虫やトカゲがすむ場所になるんだ。だけど雨の降《ふ》らない乾季《かんき》は乾《かわ》きも激《はげ》しい。だから巣穴も深くなるんだろう。

お昼前には採るのを止めて村へ帰って、家でひと休み。高床式《たかゆかしき》の家は、上の部屋に上がらなくても、床下《ゆかした》が日陰《ひかげ》になって風通しも良く気持ちいい。

次は、コオロギを市場に出荷するための仕事だ。採集《さいしゅう》した獲物《えもの》は市場で売るものだ。お客には鮮度《せんど》の良いものが好まれる。ということは生きたものがいちばん。だけど逃《に》げられないようにしないといけない。そのため、1匹ずつ飛びはねる脚《あし》を切っていく。体をつかんで脚を押《お》さえながら、はさみで関節から先、スネにあたるところをパチンパチンと切っていく。手でちぎり取る人もいるので、ぼくも試してみた。逃《のが》れようと必死で蹴《け》る脚を押さえると、その反動でつけ根からちぎれてしまう。高く飛びはねる脚の力がものすごく強いのを実感する。腿《もも》の部分は肉が詰《つ》まっていそうで、ちぎれて

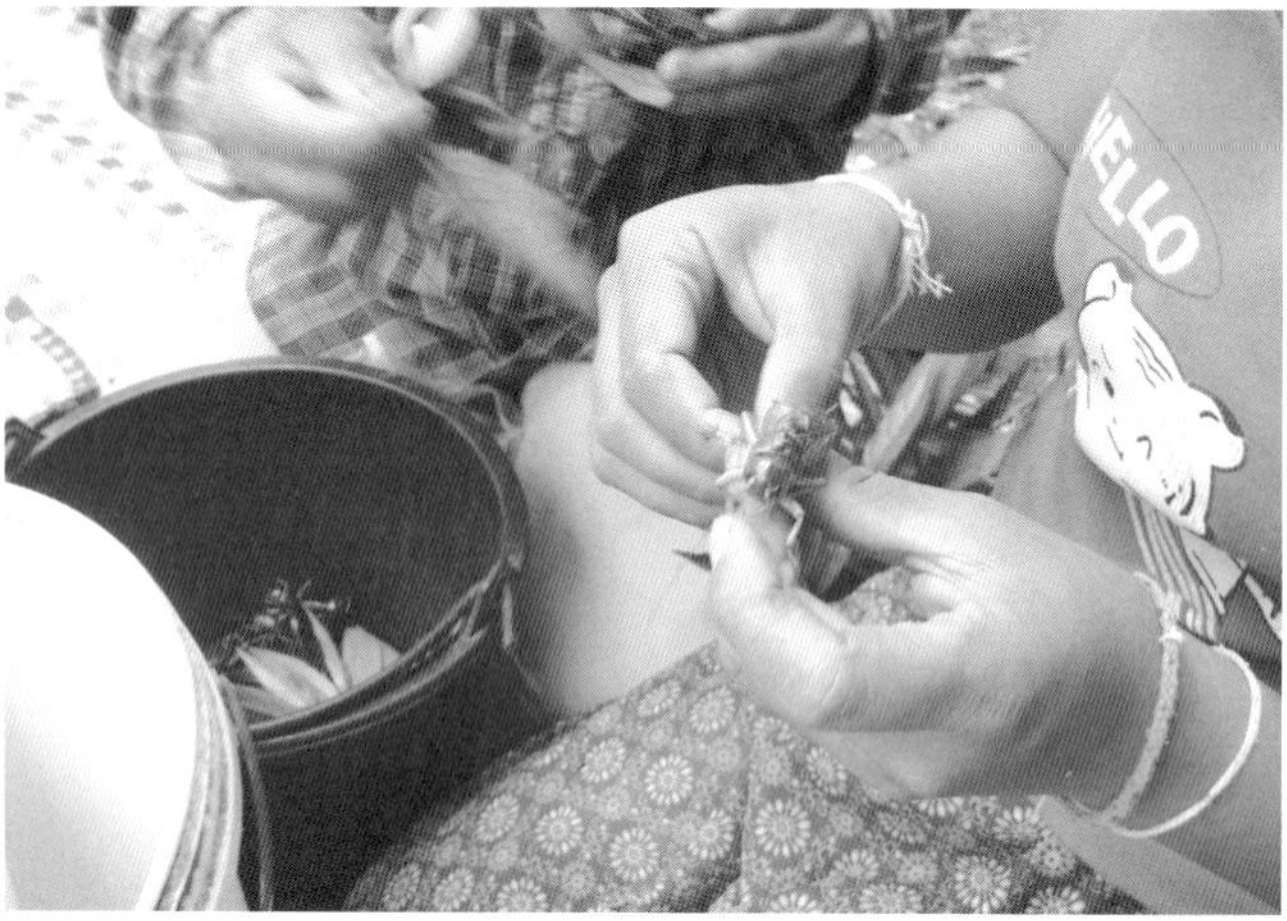

市場に出荷するため、コオロギの脚《あし》を取る。

しまうのは惜《お》しい。「やってごらん」って、お母さんからはさみをわたされる。生き物を傷《きず》つけるのはかわいそうだ。だけど、お母さんたちにとっては大切な収入源《しゅうにゅうげん》だ。ぼくもコオロギを食べさせてもらう。ごめんなさいと思いながらも切っていくことになる。

村人たちに、一日にどれくらい採《と》っているかをたずねてみた。4時間ほど採りにいって、平均《へいきん》すると109匹《ひき》ほど採ることができる。市場に出荷する村の仲買《なかがい》さんに売れば、100匹あたり13000キップほどで売ることができる。10000キップ

出荷を待つコオロギ

は83円ほど（2009年4月）。うどんが1杯《ぱい》7000キップほどなので、半日でうどん2杯分ほどの儲《もう》けになる。一日農作業の手伝いをすると日給が25000キップほどなので、虫採りはわりの良い仕事だ。秋の大切な収入の一部になる。もちろん、売るばかりではない。自分たちのご飯のおかずにもなる。

　出荷の準備《じゅんび》をしている人の家を訪《たず》ねて見せてもらったら、いくつものタライにびっしりコオロギがいてガサガサ動いていた。10月〜11月が最盛期《さいせいき》だ。毎日こんなに採っていたら、そのうちいなくなってしまうのではないか？　そんなこちらの心配をよそに、コオロギ採《と》りは続いている。実際《じっさい》に、まだまだ採れているし、村人たちはいなくなってしまうとは思っていないようだ。でも、もっと人気が出てきておおぜいの人たちが競って採るようになると困《こま》るかもしれない。もうしばらく様子《ようす》を見守っていきたい。

コオロギ少年

別の日、ぼくは男の子についていった。歩きながら巣穴《すあな》を探《さが》して掘《ほ》って、コオロギを取り出していくのはお母さんたちと同じだ。もくもくと、機敏《きびん》に探し歩いていく。やがて、ほかの男の子たちと出会った。彼《かれ》らはウシを連れてきている。藁《わら》や野の草を食べさせるために集落からやって来た子たちだ。彼らもめいめいに掘《ほ》り棒《ぼう》を持っている。彼らも同じようにコオロギ採りをしてきた。この年は雨がなかなか降《ふ》らず、田植えのできなかった田んぼが多い。でも、そこはコオロギのすみかになっている。「コオロギはここにもいるよ」。少しおしゃべりをしたら、めいめいにちらばって掘り出

男の子たちがコオロギを掘《ほ》り出す。

した。先に来たからおれの場所だなんて争いはない。探すのは自分たちの力だ。

牛飼《うしか》いをしながら虫も採れる。子どもたちにとっては、お小遣《こづか》い稼《かせ》ぎにもなるし、家のおかずを手に入れることにもなる。いろんなことがいっしょにできる。

こうして体験したことは順番に身に付いていく。自然の中のさまざまな要素《ようそ》の名前や形だけでなく、どこでいつ何があるか、どんなところにあるか、どういう状態《じょうたい》になると出てくるのか、虫そのものだけではなく、回りの植物や土地の様子、そして、その状態の変化とあわせて、それぞれのつながりと変化を体で覚えていくのだ。田んぼはイネのためだけでないし、人が育つ場でもあるとぼくは思った。

川の中の道

10月半ばの秋晴れの朝。今日は、となりの家の人が、村はずれにある田んぼの出作り小屋へ行くんだと言う。その道すがらコオロギも採《と》っていくって教えてくれた。いっしょについていくことにした。

朝ごはんを食べて、日が高くなる前、涼《すず》しいうちに家を出発。お母さんの後を子どもたちもついていく。犬もいっしょだ。集落を抜《ぬ》けると田んぼ地帯。森も抜けて道をたどる。コオロギの穴《あな》を見つければ掘《ほ》って採っていく。

村の中を流れるマークヒヤウ川は、集落と田んぼを分断《ぶんだん》している。雨季には広い範囲《はんい》にわたって水があふれるため、川を渡《わた》って田んぼに行くことが難《むずか》しくなる。そのため、村人は自分の田んぼに出作り小屋を設《もう》けて田植えから稲刈《いねか》りまで過《す》ごすことが多い。

0　1km
森
出作り小屋
14:22 小屋出発。
11:07　出作り小屋に到着《とうちゃく》。
11:18　アヒル毛むしりはじめ。
12:17　パパイヤサラダ作りはじめ。
13:14　コオロギ焼く。
13:28　ごはん食べはじめ。
川
15:20　川遊び。
7:24
一本橋《ばし》で川を渡《わた》る。
15:28
お花畑でお花摘《つ》み。
7:22
最初のコオロギ発見。これ以後、採《と》りながら歩いていく。
田んぼ
16:28
家へ到着。
今日の夜ごはんのおかずはコオロギ。
6:53 出発。
家
村
コオロギピクニックの一日

この時期には水が引き出したので、川向こうまで日帰りで往復《おうふく》できるようになってきた。といっても腰《こし》まで水につかりながら、木々《きぎ》の間を縫《ぬ》って、ぬかるみや傾斜《けいしゃ》に足をとられないよう川の中をそろそろと進む。ちょっと足を踏《ふ》み外すといきなり深みにはまってしまう。浅いところを選んで通り道ができているようだ。

でも、いっしょについていく子どもたちは、川の中をバシャバシャ駆《か》け回ったり、泳いだり、楽しいひとときだ。深いところには、延長《えんちょう》が３００メートルに及《およ》ぶ定置《ていち》網《あみ》が仕掛《しか》けられていて、豊《ゆた》かな漁場《ぎょじょう》にもなっている。

川を渡《わた》れば田んぼが広がる。あぜ道やその周りにはコオロギの巣もたくさん見つかる。子どもたちは、掘《ほ》り棒《ぼう》で次々《つぎつぎ》に採《と》っていく。

出作り小屋

コオロギを探《さが》し採りながら昼前に出作り小屋に到着《とうちゃく》した。米作りの期間、半年ちかく生活しているだけに、しっかりした作りだ。ここで、お母さんが飼《か》っているアヒ

出作り小屋。涼《すず》しくてとても気持ちがいい。

ルを料理してくれることになった。このときはラオス大学の学生さんと先生もいっしょだった。料理のお手伝いも手慣《てな》れたものだ。毛をむしり、さばく。先生は青いパパイヤをささがきにしてサラダを作りはじめた。採れたてのコオロギと、途中《とちゅう》で採ったカニもいっしょに囲炉裏《いろり》の火であぶる。焼き加減《かげん》も大事だろう。ぼくは作り方がよくわからないから見ているだけなのがちょっと恥《は》ずかしい。子どもたちは水くみの仕事。手押《てお》しポンプをいっしょうけんめい押している。ざぁーっと流れ出てくる井戸水《いどみず》で手や顔を洗《あら》うと気持ちいい。

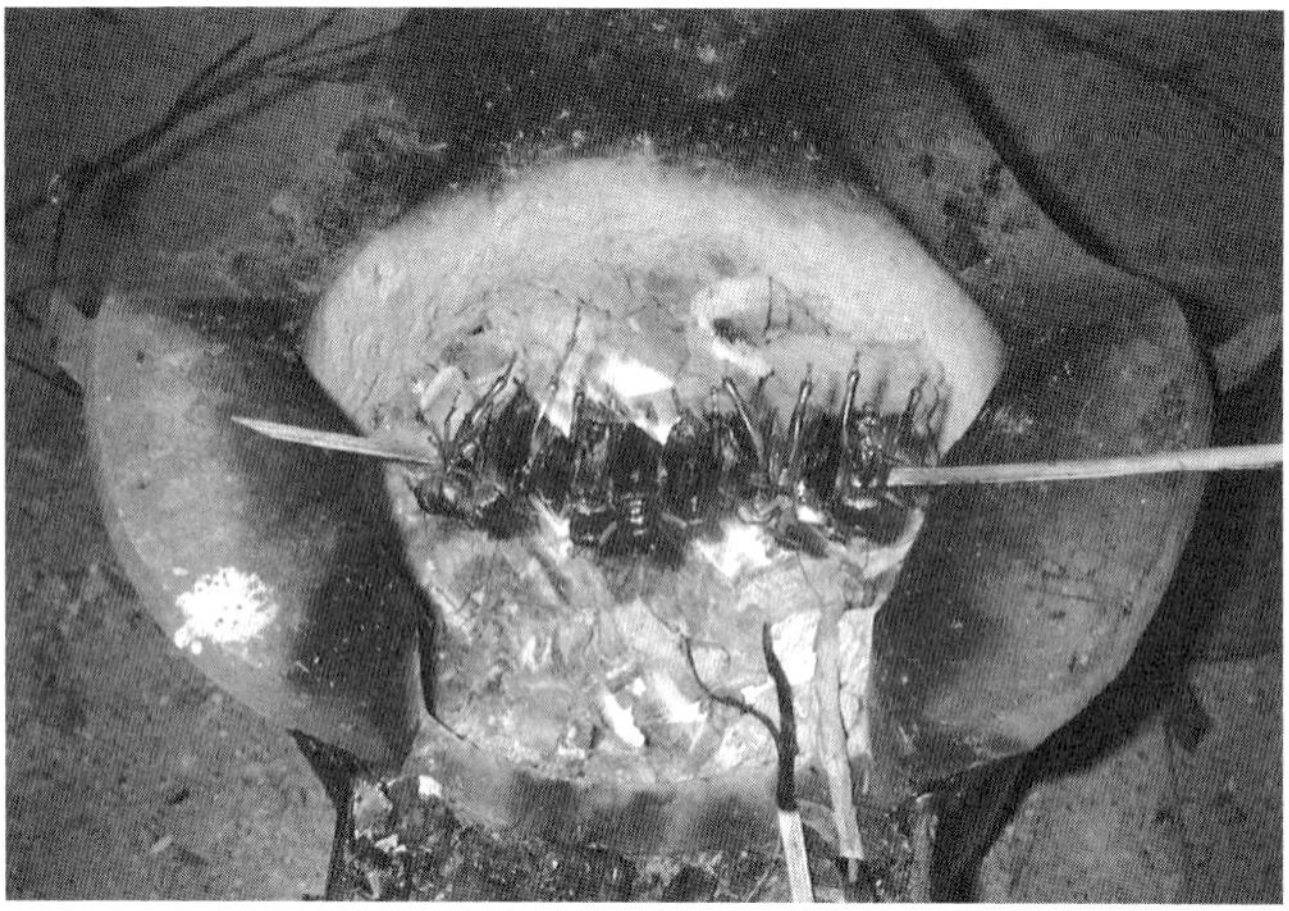

採《と》れたてのコオロギを串焼《くしや》きにする。

「さぁ、お昼ごはんにしましょう」。アヒルと野菜・キノコのスープとパパイヤサラダが並《なら》ぶ。それに家から持ってきたモチ米のご飯。みんなで囲んでにぎやかに食事が進む。

午後の暑い時間は昼寝《ひるね》だ。高床式《たかゆかしき》の風通しの良い家は涼《すず》しくてとても気持ちが良い。放牧されたウシや水牛の鈴《すず》の音が風に乗って聞こえてくる。のんびりした時間、今日明日の問題ではなく、1年や数年先を見《み》越《こ》して生活していくことの大切さを感じる。

そんな中、子どもたちは元気だ。家の周りではしゃぎ回っている。

収穫《しゅうかく》の帰り道、朝方、水につかっていた木の根元は、すでに地面が見えていた。のんびりしているようで刻一刻《こくいっこく》と変わる自然。その変化をうまく利用して恵《めぐ》みを得ることもあれば、ときには翻弄《ほんろう》されてしまうこともある。だが、村の上流と下流では開発や都市化が進み、これまでの自然のリズムとは違《ちが》う急激《きゅうげき》な増水《ぞうすい》が起こったり、水につかる範囲《はんい》にも変化が起こるようになってきた。その影響《えいきょう》はとても心配だ。

この村の川はメコン川に注いでいる。メコン川は中国、ラオス、タイ、カンボジア、ベトナムといくつもの国を流れている東南アジア一の大河川《だいかせん》だ。お互《たが》いの影響を、村から国を超《こ》えて考えなければならない。川のあふれ方が変われば、田んぼへの影響も起きる。田んぼや小川にいる魚や虫や植物の生息も今まで通りにはいかなくなってしまう。開発はその場所だけのことではなく、回りのことも考えて行われなければならない。

夜、お母さんが家においでと誘《さそ》ってくれた。今日採《と》ってきたコオロギを家で揚《あ》げて料理してくれていた。かりっと香《こう》ばしく揚がり、ほっこりしてとてもおいしかった。

冬はカメムシ

男の子の活躍《かつやく》

村の冬。乾季《かんき》には、川も干上《ひあ》がり、草木も枯《か》れている。はたしてここが川が流れていた場所だったのだろうかと思うような原っぱや林が広がる。そんなところに生えている木々《きぎ》に緑が芽吹《めぶ》きだす2月には、ツムギアリやカメムシが姿《すがた》をあらわす。これらも食べ物だ。

村はずれの道で出会った少年2人とまだ小さな男の子が、森にカメムシ採《と》りに出かけるところだった。ぼくは彼《かれ》らについていくことにした。太い木を見つけると網《あみ》を手にして、するすると木を登っていった。下からは枝《えだ》や葉っぱでさえぎられてよく見えない。10メートルはゆうに超《こ》すようなずいぶん高いところで採っている。太い枝に立って網を振《ふ》りながら集めているようだ。ある

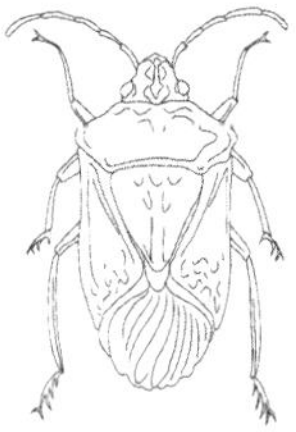

カメムシ

程度《ていど》網に貯まると、カメムシの入った網を柄《え》からはずして下に落とす。それを集めるのは小さな男の子の仕事だ。この男の子はカメムシのいるところにはまだ手が届《とど》かない。そうしているうちに、葉っぱから何やら採って食べ始めた。3ミリメートルほどの小さな卵《たまご》が葉っぱにかたまってくっついている。ポリポリした口当たりだ。スナック菓子《がし》のよう。聞けばカメムシの卵だった。

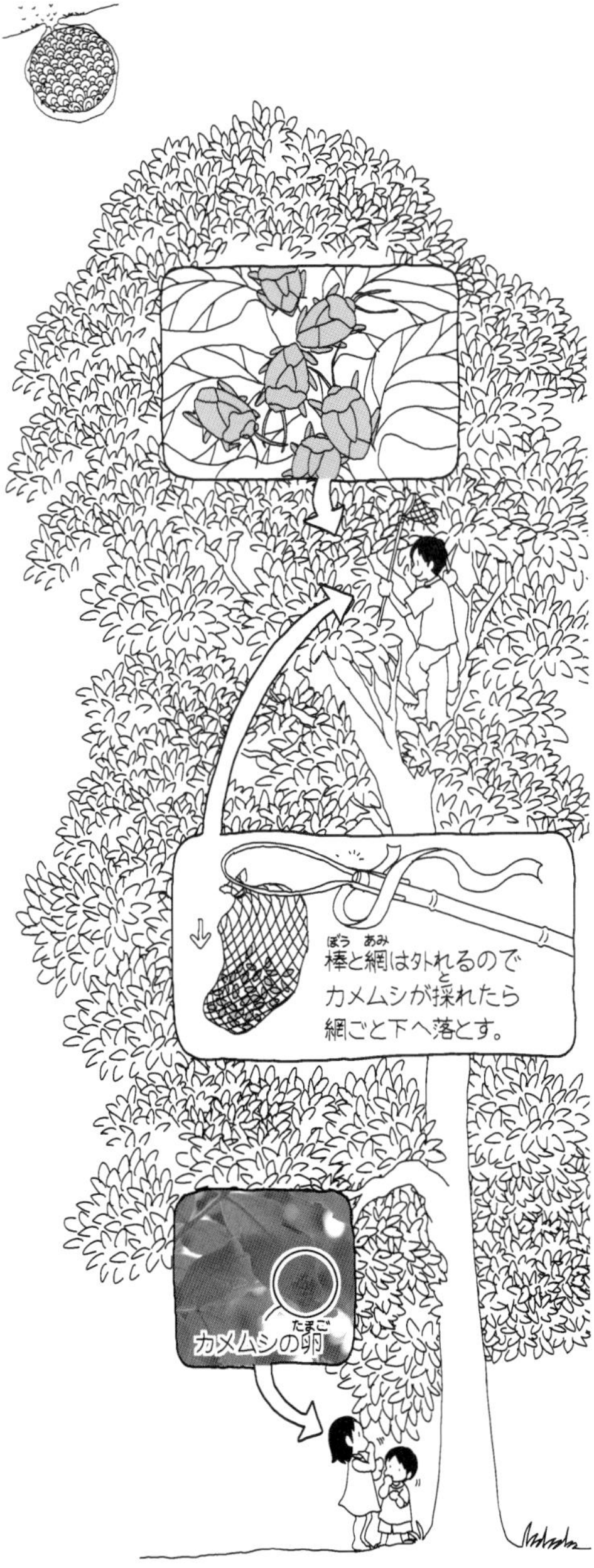
棒《ぼう》と網《あみ》は外れるので
カメムシが採《と》れたら
網ごと下へ落とす。
カメムシの卵《たまご》

別の機会には、お父さんといっしょに出かけるという少年についていった。お父さんが耕耘機《こううんき》で連れていってくれると言うので、いっしょに乗せてもらった。この村では耕耘機は大活躍《だいかつやく》だ。田起こしだけでなく、交通手段《こうつうしゅだん》としても欠かせないものだ。

カメムシのいそうな木に目星をつけると、少年は木にすいすい登って網《あみ》を振《ふ》っている。見守っていると、しばらくして網いっぱいのカメムシが落ちてきた。

お父さんはといえば、何やら道具を取り出して、茂《しげ》みにねらいを定めている。ピッと竿《さお》を引《ひ》っ張《ぱ》ると、竿の先に首をくくられた獲物《えもの》がぶらさがった。トカゲ捕《と》りだ。枝《えだ》に止まっているトカゲの顔の前に輪っかを差し出し、そっとくぐらせ、瞬時《しゅんじ》に引っ張る。肉は焼いて刻《きざ》んで野菜と混《ま》ぜてサラダにする。

子どもから網を借りてセミ採《と》りもやっていた。セミのもっと多い季節には、トリモチを使ってさかんに採集《さいしゅう》する。ねばねばした木の樹液《じゅえき》を棒《ぼう》の先に塗《ぬ》って、木に止まっているセミにちょんと触《ふ》れる。体が棒にくっついて得ることができる。店で手軽に手に入る生ゴムを使うことも増《ふ》えている。たくさんつかまえて市場に出荷する。

フンコロガシ

少年が、「フン虫も見てみたい？」って聞いてきた。「もちろん！」。「じゃあ、ついてきて」と田んぼの方へ歩いていく。

フン虫は動物の糞《ふん》をエサにしている。ボールのように糞が丸められて、その中に卵《たまご》が産み付けられて、ふ化した幼虫《ようちゅう》はボールの中で糞を食べて成長する。ラオスには水牛のフンを転がす大きなフン虫がいる。この時期には地下に巣が作られ、糞玉《ふんだま》の中で幼虫が成長している。その幼虫を人は食べるのだ。「糞を食べる幼虫を人が食べるなんて不潔《ふけつ》だなぁ」と思うかもしれない。この話をタイで初めて聞いたとき、ぼくもそう感じた。でも実際《じっさい》の様子《ようす》をみると、そうじゃないことがわかった。その話はもう少し先でしょう。

森沿《ぞ》いの道を外れて、日照りでカラカラに乾《かわ》いた田んぼに行く。少年は「ここだよ」と立ち止まった。もう見つけてあったんだ。彼《かれ》は地面にはいつくばると、土を手ですくい出し、穴《あな》の奥《おく》に手を突《つ》っこんで取り出した。1個《こ》、2個……、全部で9個の糞玉

少年が、穴《あな》の中からフン虫の糞玉《ふんだま》を取り出した。
（撮影《さつえい》：クアントーン・プーマテップさん）

が出てきた。水牛の糞《ふん》を丸めて作られた直径5センチメートルほどの丸い玉だ。

「中を見てみたい？」って聞くので、ぜひ見たいと言うと、手でそっと割《わ》って「すきまからそっとのぞいてね」と見せてくれた。どうせ中身を取り出してしまうのになぜ慎重《しんちょう》にするんだろう？って不思議に思った。その理由は、「この幼虫《ようちゅう》はまだ食べごろでないからだ」と教えてくれた。さらに成長してサナギになる直前まで待っておく。だからそっと開けて、死なないようにまたていねいに割れ目をふさいで穴《あな》に戻《もど》したんだ。タイでも、野

フン虫の成虫と幼虫《ようちゅう》。食べるのにいちばんいい時期を見計らう。

原から戻ってきた人が袋《ふくろ》一杯《いっぱい》に糞玉を持ち帰ってきたところに出くわしたことがあった。「とてもおいしいんだ」と村の人たちは言っていた。「シチューのように料理するんだけど、体内の糞は出さないよ」って聞いた。そのときは、糞もいっしょに食べるなんてちょっと汚《きたな》いかもしれないなって思ったんだ。だけど、少年の説明を聞いて納得《なっとく》した。サナギになる直前は、糞を出し切る。だから体内はきれいだ。しかも、脂《あぶら》ものりきっている。食べるのにいちばんいい時期をちゃんと見計らっていたのだ。

けれども、巣に戻して、ほかの人がこの

フン虫をニワトリの卵《たまご》と炒《いた》める。ふっくらとしてコクのある味。

巣を見つけたら、先に持ち去ってしまうのではないだろうか？　心配になって聞いてみた。すると、「ほかのところにあったのはとられちゃったんだ」と言う。でも、あまり悲しそうに見えなかった。これはみんなで食べるもの。きっと村の子どもたちで後から分けるのだろう。自分だけで独り占《ひとじ》めしないやり方もある。シチューにしたらみんなで分けて食べることもできる。穴《あな》にはすでに成虫になってしまったものもいることがある。それは焼いて食べることができる。串《くし》に刺《さ》してあぶり焼きにするんだ。でも、やはり幼虫《ようちゅう》やサナギがいちばんおいしい。ぼくは、２００９年の３月にラオスへ出かけたとき、ようやくこのフン虫を食べることができた。このときは、ニワトリの卵《たまご》と合わせて炒《いた》めてもらった。糞玉《ふんだま》を一つ一つ包丁で割《わ》って中の幼虫を取り出していく。まだ早いものは、おなかを絞《しぼ》り出してきれいに洗《あら》った。サナギになりかけのものは白くて見た目もとてもおいしそうだった。料理されたものは、ふっくらとして、やわらかさとコクがあって格別《かくべつ》の味だった。１匹《ぴき》の大きさも４センチメートルほどでたっぷり味わうことができる。幼虫のコクのあるおいしさが料理全体にゆきわたって、とてもおいしかった。

お母さんはツムギアリ採《と》り

乾季《かんき》の虫で大事なものがある。それはツムギアリだ。幼虫やサナギは食べ物としておいしく、スープ、サラダ、炒め物などいろいろな料理に合う。市場で売れば値段《ねだん》も良く、けっこうな儲《もう》けになる。採るのはお母さんたちの仕事になっている。

ツムギアリは木の枝《えだ》に葉っぱを集めてボール状《じょう》の丸い巣を作る。林や田んぼの木の

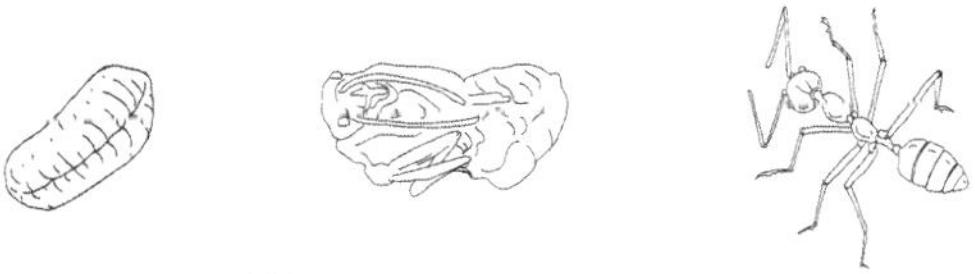

ツムギアリの幼虫《ようちゅう》（左）、サナギ（中）、成虫（右）

上の方を見渡《みわた》して、巣を探《さが》していく。採集《さいしゅう》道具は5メートルくらいの竹竿《たけざお》に、竹で編《あ》んだカゴが紐《ひも》で結《ゆ》わえてあるものだ。竹竿の先は巣を突《つ》き刺《さ》して崩《くず》せるようにとがらせてあることが多い。獲物《えもの》をしまうビクは竹で編んだ、モチ米を入れるお弁当箱《べんとうばこ》が使われる。

森の中には、踏《ふ》みつけてできた道がいくつも通っている。ウシや水牛を連れて通ったり、野草を探して何人も通るうちに踏み跡《あと》が道になっていった。そういう道をたどって探しながら進んでいく。

巣を見つけたら、さっそく、竹竿を巣に伸《の》ばす。巣に先端《せんたん》を突き刺して、竿を前後に揺《ゆ》さぶったり、竿の端《はし》をパンパンたたいて振動《しんどう》を先に伝えることもする。巣の中からツムギアリがカゴにこぼれ落ちる。そうしたら竿を下ろして、カゴから獲物《えもの》をザルにあける。ザルには、幼虫《ようちゅう》、サナギ、成虫が混《ま》ざっている。欲《ほ》しいのは幼虫とサナギだ。これを取り分けるのが次の仕事。お母さんはカゴの中身を箕《み》（穀物《こくもつ》などをゴミとよりわける

ツムギアリを採《と》る

とがった竿《さお》の先端《せんたん》で巣を突《つ》き壊《こわ》す。

ツムギアリの巣

カゴの中に巣の中身を落としこむ。

竿をたたいて振動《しんどう》を与《あた》えるこの振動が上手に巣の中身をカゴの中に落としこむコツだ。

とんとん

キャッサバ芋《いも》

熱帯地方で栽培《さいばい》されている芋。タピオカはこの芋から作られているんだよ。

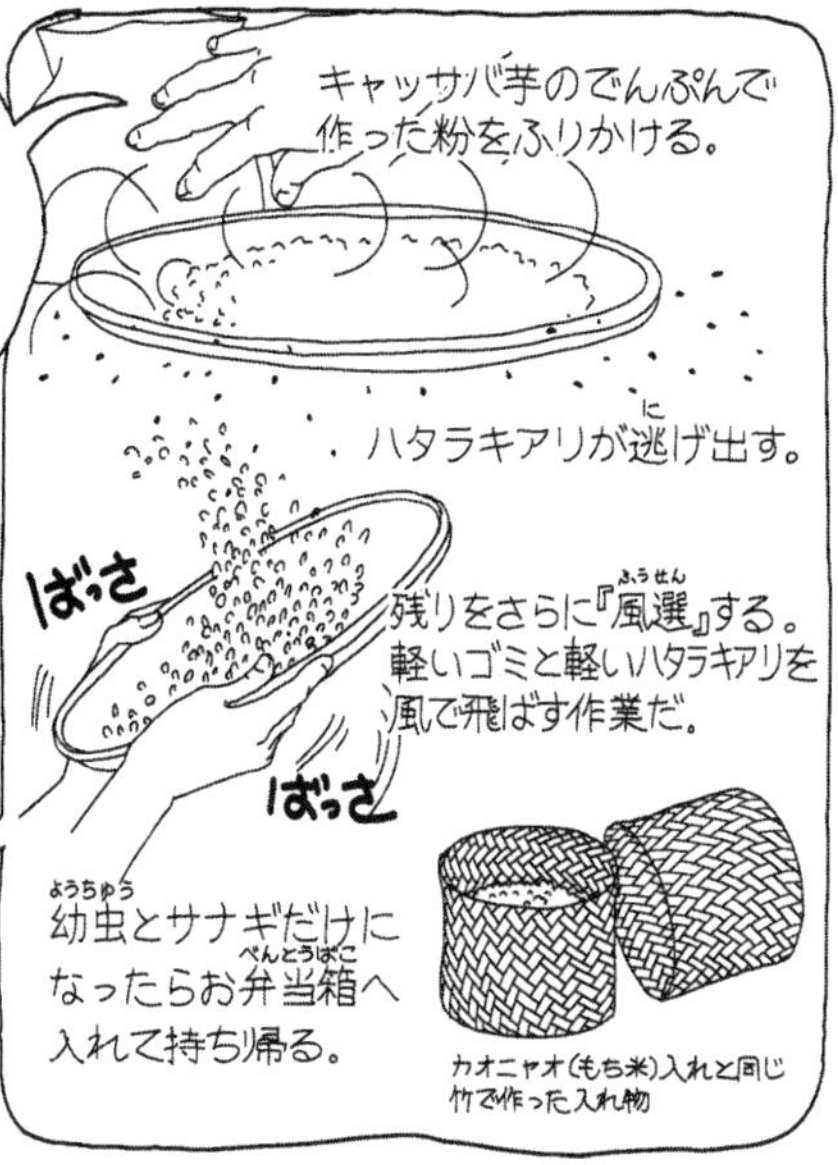

キャッサバ芋のでんぷんで作った粉をふりかける。

ハタラキアリが逃《に》げ出す。

ばっさ

残りをさらに『風選《ふうせん》』する。軽いゴミと軽いハタラキアリを風で飛ばす作業だ。

ばっさ

幼虫《ようちゅう》とサナギだけになったらお弁当箱《べんとうばこ》へ入れて持ち帰る。

カオニャオ(もち米)入れと同じ竹で作った入れ物

採《と》れたツムギアリ。ここから幼虫《ようちゅう》とサナギをよりわける。

道具）にあけると、袋《ふくろ》に入った白い粉を取り出した。キャッサバイモのでんぷんの粉だ。これを振《ふ》りかけるとハタラキアリはいやがって逃《に》げていく。箕《み》を、ザッザッと上下に振るうと、軽いハタラキアリは吹《ふ》き飛び、重たい幼虫《ようちゅう》とサナギだけが残る。それを竹製《たけせい》のお弁当箱《べんとうばこ》にしまう。

これが採集《さいしゅう》の一部始終だけど、じつは簡単《かんたん》なことではない。ツムギアリは小さいのに、とても獰猛《どうもう》だ。巣に近づく敵《てき》がいると、激《はげ》しく噛《か》みついて攻撃《こうげき》してくる。顎《あご》が強いのでとてもいたい。うっかり巣の近くに寄《よ》るだけで、足元から上がってくる。それも1匹《ぴき》や2匹ではない。ましてやその巣を採《と》ろうとするのだ。相手も巣を守るために必死で襲《おそ》いかかってくる。お母さんたちも時折追い払《はら》う仕草《しぐさ》をするから噛みつかれることもあるようだ。ぼくは巣を採っている様子《ようす》をビデオで撮影《さつえい》して記録したかった。だからどんどん近づいていってしまう。しかも、カメラをのぞいているので周りには気付かない。あっという間にアリが体にはい上がってくる。気がついたときには足からズボンの中、背中《せなか》、頭まで体中にまとわりついている。パンツの中にまで入りこまれて噛みつかれる。貴重《きちょう》な映像記録《えいぞうきろく》のためだとがまんしていたが、とうとう悲鳴を上げて、カメラも放り出してしまった。後から見たら、ぐるぐる回転して地上に落ちて、空を向いて何も映《うつ》っていないのに叫《さけ》び声《ごえ》だけが聞こえている……恐怖《きょうふ》映像だ。森を歩くとき、ツムギアリには充分《じゅうぶん》気をつけよう。

　午前中、ツムギアリを採りながら歩いていった先には、出作り小屋があった。ここでお昼ごはん。この時期にはだれも暮《く》らしていない。「よその小屋だけど自由に使っていいんだよ」と言われ、高床式《たかゆかしき》の階段《かいだん》を上がった。

ここなら日陰《ひかげ》で、アリの攻撃《こうげき》にさらされることもなく横になることができる。緊《きん》張《ちょう》も解《と》けて、気持ちよくなってきた。ひと眠《ねむ》り。目が覚めると、お母さんたちはおしゃべりしながらも、手をせっせと動かして、さきほど採《と》ったアリからゴミを取り除《のぞ》いている。そして、日が陰《かげ》りだしたら、ふたたび巣を探《さが》しながら家路につく。

ある日の帰り道、ぼくはとてものどがかわいた。持ってきた水も飲み干《ほ》してしまっていた。「もう少し歩けば水が湧《わ》き出ているから、それを飲めばいいよ」と言われた。乾《かん》季《き》でも水が出ている？ 不思議だったが、そこには井戸《いど》があり、手でくみ出せるほど高いところまで水が湧いていた。ちょっとにごっていて心配だったけど、のどのかわきは耐《た》えがたく、飲んでみた。後になってもお腹《なか》を下すことはなかった。

こういう水が簡単《かんたん》に得られることは、村がどうしてここにできたかということを考えるときに大事な点になる。70～80年ほど前にここに集落ができたといわれる村。回りに比《くら》べて水の便が良かったことがその理由の一つだといわれていたが、それを実感した。農作業や自然の資源《しげん》を求めて、人々《ひとびと》が村の範囲《はんい》をうまく動いていけるようにな

野中先生の

虫よりな話①

ラオスのたこ焼きはアリのコで

ドンクワーイ村の村祭り。ぼくたちズブズブ隊は日ごろの感謝《かんしゃ》の気持ちをこめて、出し物を企画《きかく》した。せっかくだから日本のもので……祭りの食べ物といえば、たこ焼きとお好み焼きだ。粉と具とたこ焼き器を持参した。たこ焼きは焼き加《か》減《げん》、返し加減が難《むずか》しいので、関西に住む先生の出番。いつもの家でのお父さんの仕事だから手慣《てな》れたものだ。粉を溶《と》いて、キャベツは現地調達《げんちちょうたつ》。けれどもここではタコが手に入らない……どうしよう……季節はアリ採《と》り真っさかり。そうだツムギアリの幼虫《ようちゅう》を使ってみよう！　さっそく村人から分けてもらった。半分焼けたところでアリのコをばらばらっと投入し、千枚通《せんまいどお》しでくるくるとうまい手さばきで丸くまとめて形作っていく。子どもたちもおもしろそうに見入っている。アリのコ焼きのできあがり。はふはふしながら口にほおばり、かみしめると、ふんわりした中でほっこり火の通ったアリの幼虫がぷちっとした感触《かんしょく》ではじける。しょうゆ味とアリのコクが混《ま》ざってとてもおいしい。初めての料理に村人たちも手を出してみる。これはいけると、次から次へと注文が殺到《さっとう》。お好み焼きも人気だ。ぼくたちは七輪《しちりん》を囲んで何時間もひたすら焼き続けた。初めての日本食がたこ焼きならぬアリのコ焼きだったって、この村で将来《しょうらい》語り草になるだろうか。昼から夕方まで焼き続けた。祭りは宴《えん》たけなわ。この日は男性《だんせい》ばかりでなく、女性《じょせい》たちもお酒が入って上機嫌《じょうきげん》。日が沈《しず》みかけてきたら、こんどは踊《おど》りの時間。ぼくたちにもお呼《よ》びがかかり、深夜まで村人たちと踊り明かした。

っている。

チェオを作ってみよう

ラオスの食事

ラオスでは、日本と同じく米が主食だ。だけど、日本と違《ちが》ってモチ米がふだん食べられている。七輪《しちりん》に水をたたえた鍋《なべ》を載《の》せ、その上に竹で編《あ》んだ蒸《む》し器を据《す》えて蒸すんだ。モチ米は前の晩《ばん》からといで水にひたして吸水《きゅうすい》させておく。朝早くからお母さんが炭火をおこして調理する。蒸したてのモチ米は、とても甘《あま》い。手で握《にぎ》ってもべたつかない。口に入る大きさの分を手でちぎっては、握って、おかずをつけて食べるんだ。日本のにぎり寿司《ずし》と同じようだ。朝できたモチ米のおこわは、竹で編んだ器に入れて、お弁当《べんとう》にして田んぼや仕事に持っていく。

あるとき、村はずれに魚捕《さかなと》りをしている人たちを見にいった。お昼ごはんどきにな

楽しい昼ごはん。おかずは現地《げんち》調達《ちょうたつ》だ。

ると、回りで仕事をしていた大人《おとな》たちが集まってきた。めいめいに木の葉や野草を携《たずさ》えている。もちろん捕った魚もいっしょ。1人が火を起こしてたき火を用意した。別の人は魚をさばいている。木陰《こかげ》にむしろが広げられ、採《と》ってきた野草が皿《さら》に盛《も》られ、やがて魚も焼き上がってきた。おかずは現《げん》地《ち》調達《ちょうたつ》だ。楽しい昼ごはんだ。

虫のグルメ

ご飯のおかずとして代表的なものが「チエオ」と呼《よ》ばれる料理だ。これは、肉や魚とハーブにトウガラシやトマトなどを混《ま》ぜてすりつぶして作るペーストやタレのようなものだ。ハーブやトウガラシの香《かお》りと辛《から》みが、肉や魚のコクとうまみをさらに引き出し、美しいハーモニーを奏《かな》でているようだ。モチ米にそれをつけて食べるといくらでもいけてしまう。いろんな味が合わさった味と香りのハーモニーがとてもおいしい。

虫チェオ

虫もよくチェオの材料に使われる。とりわけコオロギやカメムシはとても好まれている。

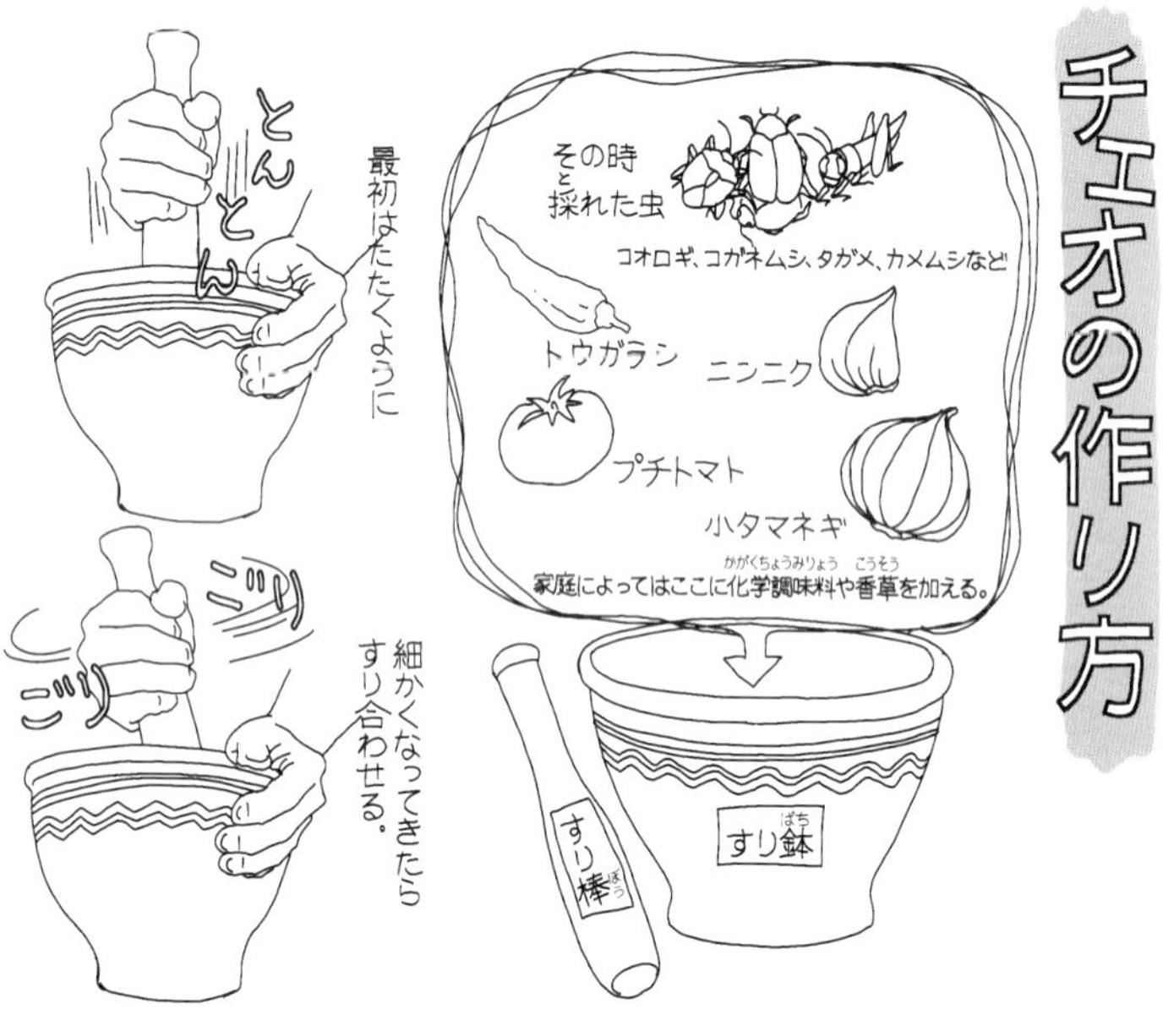

チェオの作り方
その時と採れた虫
コオロギ、コガネムシ、タガメ、カメムシなど
トウガラシ
ニンニク
プチトマト
小タマネギ
家庭によってはここに化学調味料《かがくちょうみりょう》や香草《こうそう》を加える。
すり鉢《ばち》
すり棒《ぼう》
最初はたたくように
とんとん
細かくなってきたらすり合わせる。
ごりごり

使う分を火であぶる。ほどよくこんがりしてきたら、取り出して、頭や翅《はね》は取り除《のぞ》く。それを鉢《はち》に入れ、トウガラシ、トマト、ミニタマネギ、レモングラスなどの香草《こうそう》を入れて搗《つ》いていく。野菜の水分が出て、いろんなものが合わさり、香りがたってくる。脂《あぶら》っこさとさわやかさとが混《ま》ざり合った複雑《ふくざつ》な味がする。蒸《む》したてのモチ米につけると、その味がさらに広がり、ご飯がすすむ。

　コクがあってうまみのある味をラオスの人たちは「マン」と言う。繰《く》り返して「マンマン」と言えば、その味がとても

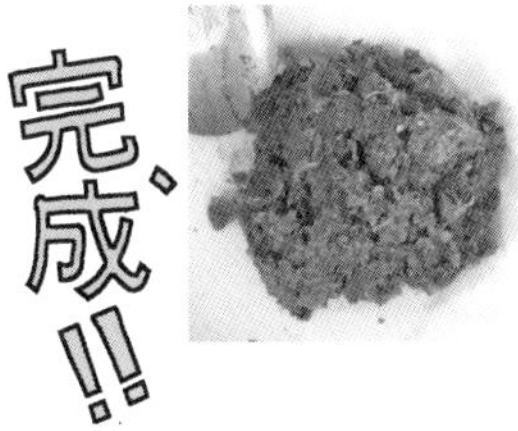

完成!!

カオニャオをひと口分
チェオをちょこっとつけて
にぎって食べる。
カオニャオ（モチ米）
チェオ
竹で作ったカオニャオ入れ

夕暮《ゆうぐ》れ。メコン川のほとりには屋台《やたい》が出てにぎわう。

濃厚《のうこう》なことを言い表している。力強く「マン・マン」と言われると、とてもおいしそうだ。虫の味によく使われる言葉だ。

コオロギは町中《まちなか》のレストランでも食べられる。カラっと揚《あ》げてあり、肉の味が濃厚だが、さくさくとしている。ほかにない味わいだ。地元の人ばかりでなく、観光客にも人気がある。くせのない、コクのある味で、大人《おとな》にとってはビールのおつまみにぴったりだ。ついつい手が出てしまい、ビールもすすむ。

ビエンチャン市街地《しがいち》のメコン川のほとりは、夕方になると屋台《やたい》が出てにぎわう。

川を渡《わた》る風の心地よい夕暮《ゆうぐ》れ、はるかチベット高原に発し、南シナ海へとうとうと流れる大河《たいが》メコン川を眺《なが》めながら、こんなおつまみを口にして、ゆったりと過《す》ごす。この地の自然を体に取りこんだようで、東南アジアに溶《と》けこんだ気分になってくる。

町の市場——虫は高級食——

首都ビエンチャンにぼくが初めて来たのは１９９７年だった。空港から町へ向かう道路をウシが歩いていて、のどかな町に見えた。当時は、経済《けいざい》活動に自由が与《あた》えられて、商売が活発になり、市場があちこちにできはじめたときだった。その後、人も車も増《ふ》えていき、ホテルや店もどんどん建ち並《なら》び、自動車の通勤《つうきん》ラッシュも目立つようになってきた。にぎやかな首都だ。近くの村で採《と》れた産物は町中の市場に運ばれてくる。女性《じょせい》の商人が多く、村で産物を集めてきて売っている。

虫の鮮度《せんど》や肉付きを見きわめ、交渉《こうしょう》して買う。

虫の売り方いろいろ

市場では虫は人気の食材だ。ぼくが調べたところでは、これまで30種類くらいの虫が売られていた。中には新種のカイガラムシもあった。オオスズメバチや、タケの幹《みき》に入っているガの幼虫《ようちゅう》（タケムシ）のように北の山地から運ばれてくるものもある。季節に応《おう》じていろんな虫が並《なら》ぶ。

なかでもコオロギの人気は高い。売値《うりね》は100匹《ぴき》で25000キープほどする。この値段《ねだん》は牛肉や豚肉《ぶたにく》よりも10倍高い。虫は高級食品だ。シーズン中には何軒《なんけん》もの店が並び、同じようにコオロギを売っている。

見ていると、いろんなお客さんが買いに来る。良い品を得ようと必死だ。鮮度《せんど》が良いか、肉付きが良いか、見定めている。売るほうも、村で集めてたくさん持ってくる仲買人《なかがいにん》もいれば、10数匹だけ串《くし》に刺《さ》して売っている個人《こじん》もいる。たとえ少しでもコオロギは食べておいしいものなのだ。だから、少ししかなくても、欲《ほ》しい人がいて、商売になるのだ。

市場で売ること

虫は、家族の大切な現金収入《げんきんしゅうにゅう》になる。コオロギやツムギアリ、カメムシ、イナゴなど、ほかにも村で採《と》ることのできる虫の多くは市場で売ることができる。米を売るよりも儲《もう》かるんだ。田んぼでの米作りは、まずは家族が1年分食べていけるだけを収穫《しゅうかく》できるかどうかが問題で、売るのはそれを超《こ》えた場合であって、売る分を作るために田んぼを広げることもあまりしない。田んぼの仕事は決して楽ではないし、年によって収穫量も違《ちが》う。それよりも田んぼやその回りの森から得られるいろんな自然のものを採《と》って売るほうが儲《もう》かる。しかも、お母さんも子どもも家族みんなが採ることができるので、全部合わせればその量も多くなる。

ラオスの都会の人口はどんどん増《ふ》えている。工場も増えてきた。都市で暮《く》らす人は、いそがしくなってきた。食材も自分で調達するのではなく、買い求めなければならない。それでも、ラオスの人たちが食材を買い求めるとき、大事なことがある。それは、「自然のもの」が好きだっていうことだ。健康に過《す》ごせる、力がつくと考えられている。それに比《くら》べて、栽培《さいばい》したものは農薬が使われていて危《あぶ》ないと思う気持ちが強く、養《よう》殖《しょく》したものは何をエサに与《あた》えられているのかわからないから不安だと言う。自然のものは何を食べているかわかっているから安心できると言っていた。そういう自然のものを食べて体に入れることがいいと考えている。この考え方はおもしろいと思った。田舎《いなか》の人ばかりでなく、都会の人も自然のつながりのことをよくわかっているからだ。

だから、自然の産物である虫の人気も高い。肉よりも値段《ねだん》が高いんだ。村でも虫を採って売ることが前よりもさかんになっている。

子どもも虫を採って売っている市場の光景をみると、「子どもも働いてたいへんだ、貧困《ひんこん》だ」「子どもを働かせることはなくさねばならない」って声が聞こえてくる。彼《かれ》らは不幸な境遇《きょうぐう》にあるのだろうか。ぼくの目に映《うつ》る子どもたちは、虫を採ったり、売ったりして楽しそうだ。自然の中で虫を採ったり、野草を摘《つ》んだりすることは、遊びの一部でもあるし、大事な勉強にもなっている。自然のしくみ、社会のこと、いろんなつながりがわかってくる。もちろん、お金になれば学用品を買ったり服を買ったりする足しにもなって、自立心も養われるだろう。

だけど、変化していくラオスの社会の中で、将来《しょうらい》のことを考えると、不安があるのも確《たし》かだ。虫採りをいっしょうけんめいやっている少年が言っていた。彼《かれ》は学校へ行くのを止めてしまった。「ぼくはお父さんを助けるんだ。だから自分は虫採りをするんだ」と。ぼくはそれを聞いて複雑《ふくざつ》な気持ちになった。虫採りでお金が稼《かせ》げるのは、それだけ得意だからだろう。そういう知識《ちしき》は決して学校で勉強しているだけでは学べないし、とてもたくさんの知識やものの見方を会得《えとく》しているはずだ。いろんな状況《じょうきょう》に対処《たいしょ》できる術《すべ》も身に付いているだろう。でも、小学校や中学校へも行けない生活の貧《まず》しさも現実《げんじつ》にはある。できる子が学校へ行けないなんて。現在《げんざい》、ラオスの近代化は農村部にまで進んできている。ドンクワーイ村からも町の工場へ通勤《つうきん》できるようになった。村の中だけで暮《く》らしていくことも難《むずか》しくなる。近代化された社会の中では、学歴社会化も進む。学校へ行かないと出世できない可能性《かのうせい》も高くなる。同じ村の学校へ通った友だちたちが将来《しょうらい》出世していくだろう。そのとき、彼《かれ》は取り残されてしまうかもしれない。

ラオスは自然も社会もめまぐるしく変わる。それに合わせて自然の持っている豊《ゆた》かさ、自然を活《い》かす暮らし方をずっと続けてきたんだ。人間のいろんな能力《のうりょく》が活かされる社会であってほしい。友だちたちが町で暮らし、出世しても「いっしょに虫採りしたよね。かなわなかったよね。頭も良くて、自然を見る目がすごかった」。そう言って、彼がもっている才能《さいのう》が活かされる世の中を作ってリードしていってほしいと思う。お互《たが》いに認《みと》めること。違《ちが》いはあって当たり前。「お互いの長所を生かそうよ」ってつながりができれば、世界はもっと豊かになると信じている。

野中先生の虫よりな話②

カブトムシの「絆《きずな》」

タイ北部のカブトムシ相撲《ずもう》

タイ北部の名物「カブトムシの闘《たたか》い」。単に角を突《つ》き合わせて勝手にけんかさせるのではない。ルールや技《わざ》のあるレスリングや相撲のような「格闘技《かくとうぎ》」の試合だ。

各地の猛者《もさ》が集まるチェンマイ市での大会に出かけてみた。会場は市場だ。対戦者、観客、闘いや飼育《しいく》に必要な道具を売る出店も並《なら》び、にぎわっている。この日は肉や野菜のかわりに、カブトムシがずらりと並んでいる。対戦する人々《ひとびと》は互《ご》角《かく》と思われる相手を探《さが》し出し、試合に挑《いど》む。飼《か》い主《ぬし》が対戦者になる。

いざ勝負。一段《いちだん》高く設《もう》けられた勝負台に飼い主とカブトムシが上がる。観客がそれを取り巻《ま》いて見守る。カブトムシのリング・土俵《どひょう》は丸太の形をしてくるくる回せるようになっている。そして中にはメスが入れられている。この、姿《すがた》は見えずともにおいのただようメスをめぐって、オス同士がリング上で闘いを繰《く》り広げるのだ。

両カブトムシをリング中央へ寄《よ》せ、見合ったところで試合開始。カブトムシが取っ組み合いになる。これ以降《いこう》、飼い主はカブトムシに直接触《ふ》れることはできない。だが飼い主自身が闘っているかのようにいっしょうけんめいになっている。長さ20センチメートルほどの筆のような形をした棒《ぼう》を手にして、

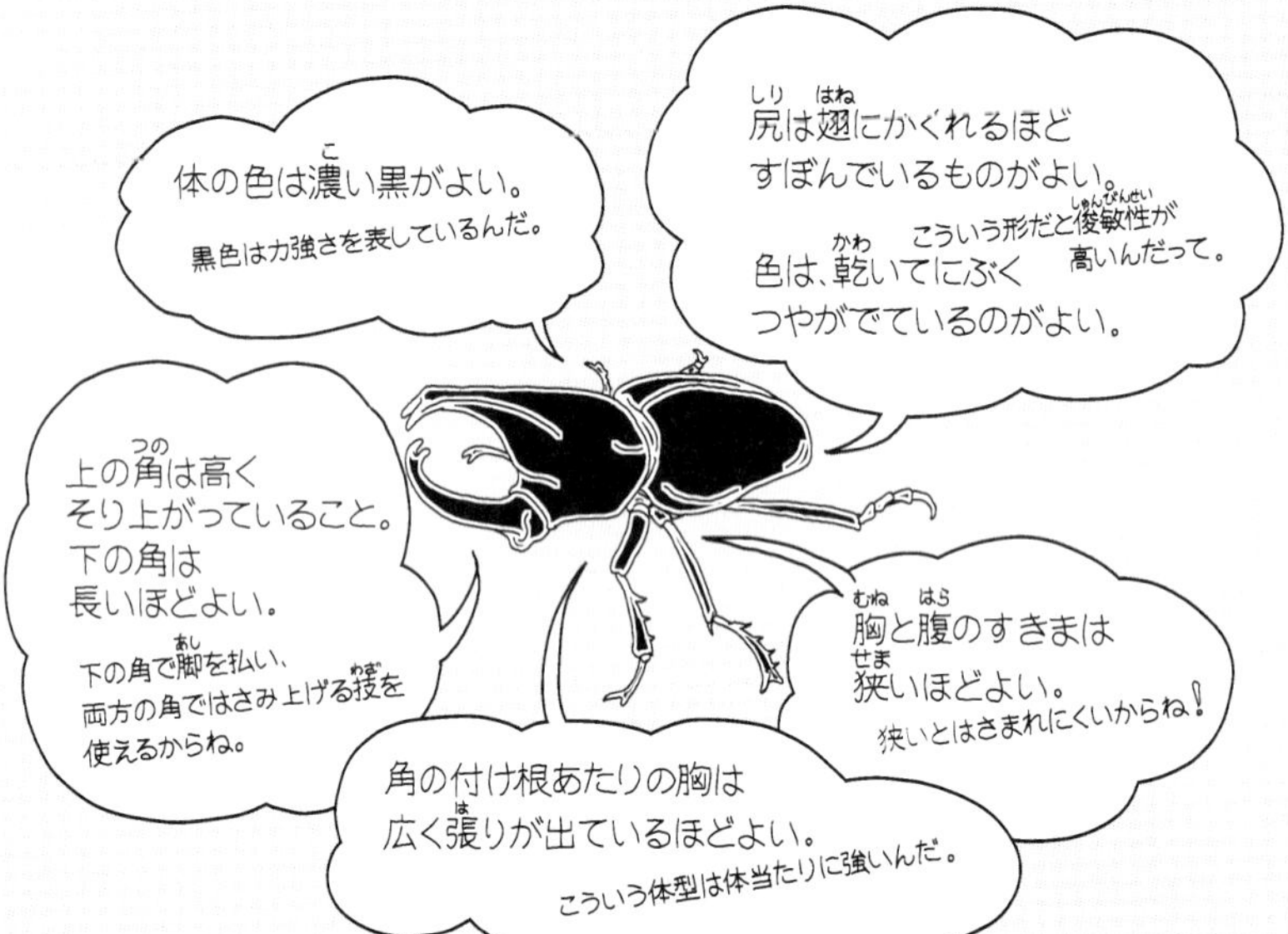
体の色は濃《こ》い黒がよい。
黒色は力強さを表しているんだ。
尻《しり》は翅《はね》にかくれるほどすぼんでいるものがよい。
色は、乾《かわ》いてにぶくつやがでているのがよい。
こういう形だと俊敏性《しゅんびんせい》が高いんだって。
上の角《つの》は高くそり上がっていること。下の角は長いほどよい。
下の角で脚《あし》を払い、両方の角ではさみ上げる技《わざ》を使えるからね。
胸《むね》と腹《はら》のすきまは狭《せま》いほどよい。
狭いとはさまれにくいからね！
角の付け根あたりの胸は広く張《は》りが出ているほどよい。
こういう体型は体当たりに強いんだ。

リングに当てて回転させ、カリカリ音を出したり、リングをたたいたりしている。飼《か》い主《ぬし》はセコンドだ。この棒《ぼう》さばきに合わせて、カブトムシが相手をかわしたり、攻《せ》めたりしている。投げ飛ばしたり、突《つ》き落としたり、押《お》し出したほうが勝ちだ。小さな体の一挙一動に周りはかたずを飲んだり、歓声《かんせい》がわき起こったり。

勝負に挑《いど》むからには、野生の中から強いカブトムシが選ばれている。その見極めどころは上の図に示したとおりだ。数多くつかまえた中から選び出すんだ。もう一つ大切なことは、試合の様子《ようす》でみたように、相手を攻める俊敏《しゅんびん》さ。これはカブトムシの能力《のうりょく》とともに、回転棒《かいてんぼう》の刺激《しげき》に対してカブトムシがどれほど敏捷《びんしょう》に反《はん》応《のう》するかだ。角の前で回転棒をくりくり回す―前進、角の前で棒をしゃくりあげるように動か

す―後退《こうたい》、左側で回す―左折、右側で回す―右折する、というものである。それは棒を回す人のクセにカブトムシがいかに応《おう》じることができるか、すなわち「気が合うか」にかかってくる。

　そのため、試合に向けてトレーニングを毎日行う。棒さばきに応じて、前進、後退、右回り、左回りと一連の動作をさせる。このトレーニングを積み重ねていくことによって、棒さばきとそれに応じた動きからなる両者一体の技《わざ》を高めていく。だれもがかんたんに手に入れることのできるカブトムシだが、その中から良いカブトムシを選び抜《ぬ》き、毎日のトレーニングを欠かさず行い、意志《いし》の疎通《そつう》を高め、対戦能力を高めていく。人は、カブトムシを育てる中で、その動かし方を習得する。それは、お互《たが》いの経験《けいけん》を通じて、その時間を共有することによって築《きず》き上げられるものである。相手すなわちカブトムシの「心」を理解《りかい》することだともいえる。こうして作られていく関係は「絆《きずな》」と言ってもいいだろう。

　……では、強いと見こまれなかったカブトムシはどうなるんだろう？　……ここは食虫の国だったね。

第三章　砂《さ》漠《ばく》に生きる
―イモムシのおやつ―

カラハリ砂漠と狩《しゅ》猟《りょう》採《さい》集《しゅう》民《みん》

日本からはるか離《はな》れたアフリカ大陸。その中のカラハリ砂漠。ボツワナ共和国、南アフリカ共和国、ナミビア共和国にかけて広がっているところだ。砂漠といえば、砂《すな》ばかり、太陽の照りつける水もない灼《しゃく》熱《ねつ》の地で、人間はおろか生き物もすめないんじゃないかって思うかもしれない。だけど、ここには、たくましく暮《く》らしてきた人たちがいる。「サン」あるいは「ブッシュマン」と呼《よ》ばれてきた人たちだ。野生の動物を狩《か》り、植物を採集して、それで生計を立ててきた。人類の原初的な社会をずっと続けてきた人たちだともいわれている。同じことを続けていくのはとてもたいへんだ。

この人たちの能力《のうりょく》はすごいと思う。自然をよく知り、使うことができるんだ。はるか以前にはアフリカ南部に広く住んでいた。けれども、農耕《のうこう》や牧畜《ぼくちく》を営《いとな》む民族が入ってきたり、ヨーロッパの白人が植民したりするようになり、どんどん住みかがせばめられていった。そして、伝統《でんとう》的《てき》な暮らしができなくなってしまった人たちも多い。だが、砂漠の奥地《おくち》で、狩猟採集生活を続けてきたグループもいた。そこでもうまく暮らせる術《すべ》を身につけたんだ。

　ぼくは、ここに暮らす人た

カラハリ砂漠《さばく》。ぼくは調査《ちょうさ》のためブッシュマンたちと暮《く》らした。

ちの調査《ちょうさ》に出かけた。過酷《かこく》な環境《かんきょう》でどうやって暮《く》らせるのだろうか？　そこに人類の進化を解《と》くカギが見つかるのではないか？　ぼくは、ブッシュマンの食生活や狩《か》りの仕方を調べた。何か月もいっしょに暮らして、「虫を食べる」ことにも注目した。

　カラハリ砂漠《さばく》の一年は、雨の降《ふ》る雨季と乾《かわ》ききった乾季《かんき》とに分かれる。前の章でみたラオスと同じだ。だけど、雨の量がはるかに少ない。10年間の平均《へいきん》をとってみれば、一年間に３９０ミリほどで、東京の年間降水量《こうすいりょう》約１４７０ミリの３分の１弱だ。おまけに降水量は年の差が激《はげ》しい。ぼくが半年ほど暮らした93年から94年の雨季には、100ミリほどしか降らなかった。その次の年はもっと少なかった。けれども、ある年には一度の雨で数百ミリも降ったこともある。

ここに暮らす人たちの歴史と現在《げんざい》置かれている状況《じょうきょう》を少し説明したい。「ブッシュマン」っていわれているけど、自分たちでそういっているのではない。欧米《おうべい》から来た人たちに付けられた名称《めいしょう》だ。「ブッシュ」というのは藪《やぶ》のこと。「藪に暮らす人」っていう意味だ。住まいを定めて暮らすのではなく、野生の獲物《えもの》や水を求めて草ぶきの家を建て、砂漠の中を転々《てんてん》としながら暮らしてきた。この地にヨーロッパからやってきた人たちは、そういう暮らしを見て、貧《まず》しい人たちだととらえた。しっかりした家もなく、家畜《かちく》も持っていなかったからだ。自分たちのはるか以前の暮らし方をしているととらえたんだ。そんな彼《かれ》らを白人たちは低くみてきた。周りの民族もウシやヤギを飼《か》い、農業もやっていた。彼らからも、貧しい人たちだとみなされてきた。

でも、藪に暮らす、いろんなものを持たずに、自然の中で暮らしていけるってことは、見方を変えたらすばらしい能力《のうりょく》だと考えられる。朝から晩《ばん》までだれかに働かされることもなく、いろんなことができるんだ。歌や踊《おど》りもたくさんあるし、いろんな遊びもある。家族でいっしょに過《す》ごしていられる。こんな暮《く》らしがどうしてできてきたのか、まだまだ解明《かいめい》しなければならないことはたくさんある。

けれども、国は彼《かれ》らをぼくのようにはみなかった。ボツワナがイギリスの植民地から独立《どくりつ》したときに、「カラハリ野生動物保護区《ほご》」という区画が作られた。およそ5万3千平方キロメートルの広大な面積で、農場開発や外部の人たちの進入をふせいで、動物を守るとともに、ブッシュマンが狩猟採集《しゅりょうさいしゅう》生活を続けられるように設《もう》けられた。1980年代になって、都会から遠く離《はな》れた土地での貧《まず》しい暮らしをやめさ

せようと、彼らのよく住んでいたところに井戸《いど》を掘《ほ》って、一年中いつでも水を蛇口《じゃぐち》から得られるようにしたり、学校を建てて、勉強を習わせたり、クリニックで病人の診療《しんりょう》をしたり、食料品や日用品を配ったりするようになった。たしかに便利になってきた。多くの人たちは、こんなサービスを無料で受けられる場所に惹《ひ》きつけられて集まってきた。けれども、採集や狩猟は続けてきた。肉や新鮮《しんせん》な野菜、食用の野草は自分たちで手に入れていたんだ。

政府《せいふ》は１９９７年には、さらに居住地《きょじゅうち》を作って彼らを引《ひ》っ越《こ》しさせた。こんどは、町にもっと近いところだが、彼らからみたら、植物や動物もないところだ。土地を与《あた》えて生活できるようにし向けたが、

ブッシュマンたちは現在《げんざい》、政府《せいふ》の決めた居住地《きょじゅうち》で暮《く》らしている。

なかなかうまくいかない。彼《かれ》らの暮《く》らしは時代に翻弄《ほんろう》されている。人々《ひとびと》が暮らしを立てていくとはどういうことか、いろんな考え方を認《みと》め合って、もっと話し合いが行われることが必要だろう。

ぼくは、そんなことになる前、狩猟《しゅりょう》や採《さい》集《しゅう》を活発に行うことができた場所でしばらく暮らすことができた。植物採集に歩いてついていったり、さらに獲物《えもの》を追いかけて遠くへ出かけたり、自然に生きることをたくさん学ばせてもらった。集落の近くでもいろんな収穫《しゅうかく》ができ、そこに暮らす日常《にちじょう》生活がじつにバラエティに富《と》んだ自然にいろどられてい

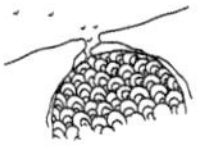

ることがわかってきた。

イモムシが出てくる

はじめてのイモムシ採《と》り

ぼくが、ブッシュマンの地に初めて着いたのは乾季《かんき》の終わりだった。草木は枯《か》れ果て、一面砂《すな》の大地は、ほんとうに不毛の地のようだった。人々が狩猟や採集に出かけないから、それを調べにきたぼくも何もすることがない。世話をしてくれる人は「すべては雨が降《ふ》り始めたら始まるんだ」と言う。待っているしかないかなと思った。でも、時折やってくる砂嵐《すなあらし》に耐《た》えて、家にじっとしているだけではつらい。それでも料理や暖《だん》をとるのに用いる薪採《たきぎと》りは欠かせないから、人々はブッシュへ行く。ぼくも連れていってもらった。枯れ木を求めて森の中を歩いていると、茶色くなったコガネムシのような硬《かた》い翅《はね》の残骸《ざんがい》を見つけた。「これは何?」ってたずねると、「食べるものだよ」と教えてくれた。「コガネムシを食べるんだ！」「雨季になると出てくるんだ！」。ぼくは待ち遠しくなった。

そういう希望が出てくると、いろいろみえてくるようになった。何もないときにも人は暮《く》らしている。ぼくももっといろんなことをみてみようと思った。そしていろんなところへついていった。木立ちの中に入っていくので、いっしょに後についていったら、「今からうんこするんだ」と言われたこともあった。どこまで行くのかわからない。歩きすぎてへとへとになったこともあった。いっしょに出かけていったおじさんには後で「ノナカに殺されそうになった」って、みんなに言いふらされたこともあった。ぼくのほうが死にそうだったのに……。でも、これは、「あいつは自分よりも体力があった」って言い方だったんだ。これならばどこへ連れて行っても大丈夫《だいじょうぶ》だと思われたのかもしれない。そんなことを経《へ》て、彼《かれ》らの仲間に入れてもらった。しだいに歩くことにも慣《な》れてきた。毒ヘビを踏《ふ》みそうになったこともあったけど。

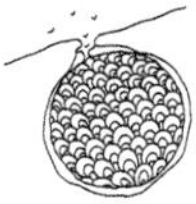

待望の雨が降《ふ》り出した。砂《すな》から草が芽を出し、木々《きぎ》も芽吹《めぶ》く。緑色がよみがえってくる。

ある日、となりの夫婦《ふうふ》の薪採《たきぎと》りについていった。その仕事を終えると、お母さんが木の茂《しげ》みに向かった。そこには葉っぱをむしゃむしゃ食べているイモムシが群《むら》がっていた。ゴァネという名がついていた。「イモムシ採りだ！」。赤ちゃんを片手《かたて》で抱《だ》きかかえて、1匹《ぴき》ずつつまみ取っていく。彼女《かのじょ》はひとしきり採り終えたら家へ持って帰った。

家に戻《もど》ると、子どもたちが遊んでいた。お母さんは採ってきたイモムシを彼らに差し出した。「さぁおやつだよ」って感じだ。子どもたちは、さっそくイモムシを手に取った。お腹《なか》をしごいて内臓《ないぞう》を出す。緑色の内臓を彼らは「うんこ」だと言う。きれいに取りのぞきたいものなんだ。

たき火の灰《はい》の中に入れる。灰と砂は熱されており、その中で蒸《む》し

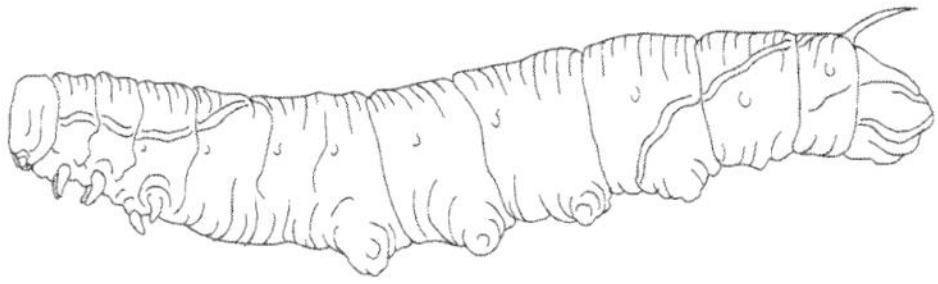

ゴァネ

お母さんがイモムシ（ゴァネ）をつまみ取る。

焼き状態《じょうたい》になる。焼《や》き芋《いも》のようだ。ほどよく熱くなったらできあがり。外がぱりっと、中がほくほくしておいしい。

ブッシュマンのいちばんのねらいのイモムシはほかにいる。「ギューノー」というイモムシだ。「ギュー」は、エランドという彼《かれ》らの大好きなレイヨウの仲間の名前だ。つまり「エランドイモムシ」。まるまるしているイモムシだ。じつはこのイモムシは日本でもよく見かける種類なんだ。サツマイモの葉についているのを見ることができる。

子どもたちがイモムシの内臓《ないぞう》をしごき出す。

焼き上がったイモムシ。ほくほくしておいしい。

子どものおやつ

２０００年の正月、ぼくは、家族といっしょにブッシュマンの集落を訪《たず》ねていった。新しい集落に引《ひ》っ越《こ》した後だった。子どもたちがさっそくぼくたちのところに遊びにきてくれた。ぼくの息子《むすこ》たちに関心があったんだ。

日中は暑いから、家の中や木陰《こかげ》で過《す》ごす。家の周りはみんな砂場《すなば》だ。乾《かわ》ききっている砂に水をかけてしめらせたら、ちょっと硬《かた》くなった。そうしたらぼくの息子たちは、道を作ったり、トンネルを掘《ほ》ったり、ビルを造《つく》ったり。町を造り始めた。まるで公園の砂場でよくやるお砂場遊びの光景だ。でも、どこまでも広げていける。カラハリ砂《さ》漠《ばく》にはそんなものはないけど、村の子どもたちがいっしょになって一心に大きな町を作っていた。言葉がわからなくても、おもしろいと思う気持ちがあれば仲良くなれる。子どもってすごい、とあらためて感心した。言葉が通じなくても気持ちでわかり合えるんだ。

子どもたちみんながブッシュのほうに出かけて行く。ぼくの息子たちもいっしょに

「イモムシはおいしいよ」。息子《むすこ》たちもすっかり溶《と》けこんだ。

連れていってもらった。しばらくして戻《もど》ってきたら、みんな手にイモムシを持っていた。近くで採《と》れたんだ。新しい集落では何も採るものがないんだって聞いていたし、植物採集《さいしゅう》に出かけて道に迷《まよ》ってしまった人もいたそうだ。もといたところまで遠く歩いていくのはたいへんだ。でも、虫は近くで採れたことに少しほっとした。

さっそく、おやつの時間になった。お腹《なか》をしごいて内臓《ないぞう》を出す。大人《おとな》が手にとって息子たちに教えてくれる。たき火の灰《はい》にくべて、熱くなっている灰と砂をかぶせる。しばらくするとこんがり焼けてくる。手に取って、灰《はい》と砂《すな》をパッパッと払《はら》い落として焼きイモムシのできあがり。ぼくの息子《むすこ》たちは初めて食べてみたんだけど、「おいしい」って喜んでいた。

野に出れば、果実もおいしい野草もある。そういうのを、息子たちはいろいろ教えてもらっていた。野に出て、遊んで、おやつを採《と》って、食べる。自然には道具がなくてもできることがいっぱいある。

サソリを作るのか？

ぼくは、食用イモムシがどんなガになるか知りたかった。そのために、成虫になるまで育ててみようと思った。家の横にはちょうどイモムシのついている木が植わっていた。イモムシのいる葉っぱの周りをネットで囲んでおいた。やがてサナギになっていくだろう。しばらくして、男の人がぼくに怒《おこ》ってきた。「お前はパーホを作っているのか！」。「パー」とは「噛《か》みつく」こと、「パーホ」とは、「噛みつくもの」、具体的には、ヘビ、サソリ、毒グモなど人に危害《きがい》を及《およ》ぼすもののことだ。ここの人たちは、イモムシがサソリに変わるって考えているんだ。そんなのありえないよって笑うかもしれない。でも、このイモムシはじつはサナギになるとき、地中にもぐる。この生態《せいたい》をみんなは知っているだろうか？　彼《かれ》らはそれを知っている。サソリは地面をはって歩いている。砂の上に座《すわ》っておしゃべりをしたり、寝《ね》ころんだりしていると、サソリがしゃかしゃか動いて来ることがある。気付かずに誤《あやま》って触《ふ》れたりすると毒針《どくばり》で刺《さ》されてしまい、とても痛《いた》い。砂漠《さばく》で寝ころぶときには気をつけよう。

いっぽう、地中にもぐったイモムシがガになる場面には出くわさない。だから、イモムシが空を飛ぶガになるとは思われない。イモムシがサソリになって地中から出てくると考えられているわけだ。

こういう話はほかにもあった。夏にはセミが鳴き出す。そのうちタマムシが現《あらわ》れるけど、それはセミが変わったものだと考えられている。そのうち地上にはコオロギが出てくる。タマムシがコオロギに変わるんだって教えてもらえた。

これは科学的じゃないって思うかもしれない。それぞれ別の生物だ。たしかに生物学の事実とは違《ちが》う。それぞれの生物を目にする時期がずれていることから、時期が過《す》ぎていなくなった生物が、新しく目にする生物に変化するのだとみなしている。だけど、こういう見方もある種の科学といえるものだ。事実とは違っていることもある。だけど、そこに暮《く》らす人たち独特《どくとく》の自然の見方を考えるきっかけになるし、思いもよらぬ自然の利用の仕方がそこに含《ふく》まれていることもある。

実際《じっさい》の観察と経験《けいけん》が織《お》りこまれた知識《ちしき》は、いろいろな現象《げんしょう》に目を向け、いろんな結びつきを考えることに役立つ。現《げん》に人々《ひとびと》は、ふだんの暮らしの中で目にするさまざまな虫を食べたり、薬にしたり、おもちゃにしたりする。それぞれの虫のもつ特性《とくせい》や成分を生かして利用しているのだ。利用するためにはつかまえなければならない。そして、つかまえるためには、相手の動きや習性《しゅうせい》をよく知っていてこそ、ちゃんとつかまえることができる。いっけん、非科学的と思われる彼《かれ》らの知識が、砂漠《さばく》での暮らしの中では合理的な体系を形作って生きているのだ。

シロアリが飛んだ

夕立ちがくる

雨季の砂漠は清々《すがすが》しい。だけど、もくもくと夕立雲《ゆうだちぐも》がわき上がり、土砂降《どしゃぶ》りの雨になることもある。外に出ていたらずぶぬれだ。雷鳴《らいめい》がとどろき稲妻《いなずま》が炸裂《さくれつ》する。大平原のまっただ中なので、どこに落ちてもおかしくないからとても怖《こわ》い。一度、ぼくの家のとなりの家に落雷《らくらい》したことがあった。はげしい雷雨《らいう》の中、「ドカーン」とすごい音がした。近所の人たちがすぐに駆《か》けつけた。家の中ではおじさんが気を失っていた。すぐに火を起こして、集まった人たちみんなが、やけどするんじゃないかってくらい手のひらを熱して、彼《かれ》の体をごしごし擦《こす》っていた。やがておじさんの意識《いしき》が戻《もど》った。息を吹《ふ》き返したんだ。落ち着いたところで、ぼくが車を出してクリニックへ連れていった。

その後数日して、彼はぼくの家のたき火のそばにやって来た。お手伝いの人や近所の人たちがおしゃべりしていてにぎやかだったんだけど、その輪には入ってこない。静かにやってきて、だまって毛皮の縫《ぬ》い物《もの》を始めた。「元気になったよ」ってことを態度《たいど》で報告《ほうこく》しにきてくれたんだ。「ありがとう」って直接《ちょくせつ》言うわけでもない。こちらの人たちにとって、感情《かんじょう》をストレートには表さないのが大人《おとな》の態度なのだ。奥《おく》ゆかしい人たちだ。人の前を横切らないようにし、人の気持ちを害するようなことはしないように努めている。ぼくは彼《かれ》らの言葉を話すことは上手じゃない。発音がすごく難《むずか》しいんだ。だけど、しゃべる以上にぼくの気持ちをくみとってくれる。とても敏《びん》感《かん》で繊細《せんさい》な感覚をしている。食事どきにはおおぜいの人たちがやってくることもある。食べ物を分けてほしいと言ってくることもある。厚《あつ》かましい態度と思われるかもしれないが、ものを分け合うのは当たり前という考え方が彼らの社会をつくっている。でも、こちらがちょっとうるさいなって感じると、彼らはすっと一歩ひくんだ。

そういう思いやりの気持ちは、家を建てるときにも現《あらわ》れている。家を建てる人は、先に建っている家よりも水場に近いところには建てず、また、真後ろではなく少しず

らして建てる。家の前は水取り、後ろは採集《さいしゅう》の場だからだ。一年中、砂漠《さばく》の中を移《うつ》り動いていく暮《く》らしをしていたときも、お互《たが》いのグループがぶつかりあわないように、それぞれの動いている範囲《はんい》へ入らないような引《ひ》っ越《こ》しの仕方をしていた。毎年のように土地の状況《じょうきょう》が変わり、食べ物の豊《ゆた》かな年もあればそうでない年もある。そんな中で、お互いに資源《しげん》を分け合ってうまく生きていく上での基本《きほん》なんだろう。

周りの人や環境《かんきょう》に敏感で、うまくつきあうための方策《ほうさく》を細やかに考えている。その敏感さは、料理にも、虫の味わい方にも出ているんだと思った。あとに述《の》べるように、アリを搗《つ》いて野草と混《ま》ぜるときや、タマムシを果実と混ぜるときなど、使われる虫は量にしたらごくわずかだ。それでも虫の味が全体にゆきわたったり、食べるときのアクセントになったりと、その味わいを楽しんでいる。搗く料理は、搗く早さや搗き加減《かげん》、混ぜ合わせる材料によって10通りもある。それは10通りの調理法といってもよい。タマムシやシロアリのコクのある味をゴーと呼《よ》んだり、アリの酸味《さんみ》をカウと呼んだり、イモムシの表面がかりっとして中がやわらかい食感をコムコムと呼んだり、

夕立ちの後。砂漠《さばく》に大きな虹《にじ》がかかる。

味をわかって、それを生かしていることが、味を表す言葉の豊《ゆた》かさにあらわれている。それは虫だけに対してのものではない。風味や食感はいろんな動植物について言われる。生き物それぞれの味を理解《りかい》しているのだ。

虹《にじ》の後から

夕立ちの後、また太陽の光が差してくると、大きな虹が空にかかる。広い大空に、虹がくっきり輝《かがや》くのを見るのはじつに気持ちいい。

そうして、日暮《ひぐ》れ。地平線に沈《しず》む太陽はいつも違《ちが》う表情《ひょうじょう》をしている。ひとりで暮《く》らしているときは、車の屋根に上がってこういう

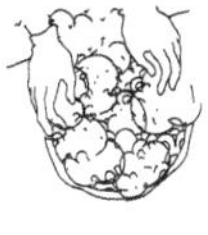

景色を眺《なが》めているのはとても心地よい時間だった。平らな砂漠《さばく》の地では車の屋根に登ると景色がぐんと広がる。ぐるりと360度地平線を見渡《みわた》せる。周りの家では、夕ごはんのしたく。たき火の煙《けむり》が上がっている。

臼《うす》で搗《つ》く音も響《ひび》いてくる。でも、それよりにぎやかなのは子どもたちの遊ぶ声だ。歌ったり、踊《おど》ったり、駆《か》け回ったり。缶詰《かんづめ》の空き缶もドラムになる。「チャカポコ、チャカポコ」と空き缶ドラムをたたきながら胸《むね》に当てたり離《はな》したりして、さまざまな音を作りだしている。それに合わせて踊る子どもたちのリズム感はすばらしい。お母さんたちのおしゃべり、子どもたちのはしゃぎ声。雨後の透《す》き通った空気の中、こんな平和な世界がいつまでも続いてほしいなぁと願う。遠く離れた家族のことも思いながら。

雨がたくさん降《ふ》った日には、シロアリが飛び立つ。地中から穴《あな》が開き、次々《つぎつぎ》と飛び立ってくる。交尾《こうび》するためだ。夕暮れのうすらぐ光を翅《はね》が受けて羽ばたく姿《すがた》は幻想的《げんそうてき》だ。さっきまで遊んでいた子どもたちは、こんどはそれをつかまえようと夢中《むちゅう》になっ

シロアリの採《と》り方

シロアリが穴《あな》から出てくる日

①夕立《スコール》が降《ふ》る。

②カラっと晴れる。

ここ重要！

③日が落ちかけた頃《ころ》
シロアリが巣から
出てくる。

一度も晴れずに雨のままおひさまが沈《しず》んだ日は、
夜になって雨が止んでもシロアリは出てこないんだって。
ブッシュマンの子どもはみんなそのことを知ってるんだよ。

シロアリが巣から飛び出てきたらみんなで巣穴を探すんだ。

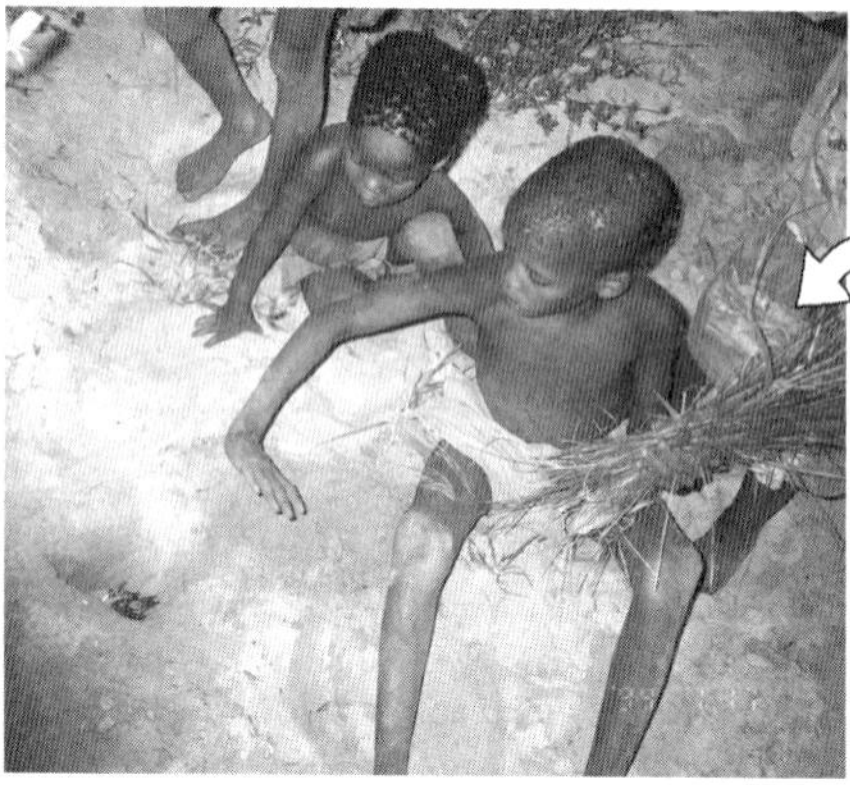

巣穴のまわりを掘《ほ》って
草でフタをするんだ。

巣から出てきたシロアリが
穴の中にどんどん貯まるよ。

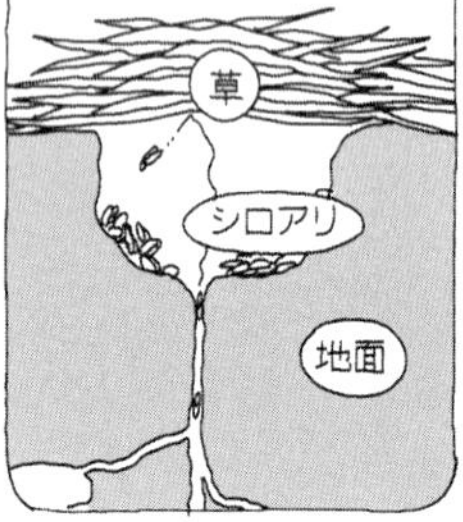

て羽ばたくシロアリを追いかけて走り回る。ひらひら飛んでいるのや、地上に落ちて這《は》いずっているのをつかまえている。年上の子はシロアリの飛び立つ穴《あな》に向かう。そして穴を掘《ほ》り広げて、上に草をかぶせておく。そうすると飛び立てないシロアリがどんどん貯まっていく。時折、手を突《つ》っこんで取り出す。それを食べるんだ。翅《はね》をむしり取って、頭を持って、腹《はら》の部分を食べる。脂肪《しぼう》とたんぱく質《しつ》がたっぷり詰《つ》まった甘《あま》い濃厚《のうこう》な味がする。何よりのおやつだ。

でも、大人《おとな》たちは、おしゃべりしたり、夕食のしたくをしたりして、このシロアリには目もくれない。シロアリは子どもたちのものだ。

ときどき、もっと大きなサイズのシロアリが同じように出てくることもある。子どもたちがつかまえていたのと同じシュウカクシロアリだが、ブッシュの方で見つかる。これは大人がいっしょうけんめい採《と》る。大群《たいぐん》が空を舞《ま》うので、それを見つけて、たどっていく。大きな巣だと、一度に何キログラムも得ることができる。

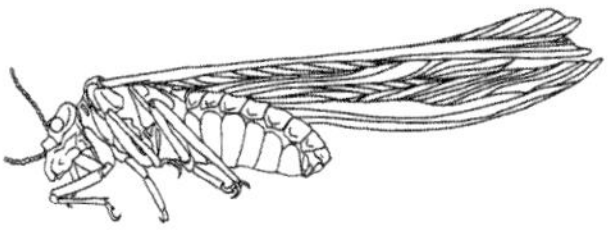

シュウカクシロアリ

女性《じょせい》たちがシロアリを掘《ほ》り出す。栄養たっぷりの食べ物だ。

このシロアリはアリ塚《づか》を地上に作らないので、ふだんはどこに巣があるのかわからない。偶然《ぐうぜん》の恵《めぐ》みだ。

女性《じょせい》たちは、植物採集《さいしゅう》に出かけると、シロアリのアリ塚を見つけることがある。これは別の種類のシロアリだ。掘《ほ》り棒《ぼう》で「よいしょっ」と掘り起こすと、中でシロアリが動きまわっている。これは女性たちのおやつだ。しゃがみこんで、ついばむようにして食べていく。「だから女は太るんだ」って、男の人たちは陰口《かげぐち》をたたくそうだ。それほど栄養のある食べ物だということを言い表しているのだろう。

砂漠《さばく》の中で移動《いどう》しながら暮《く》らしていたときには、必要なエネルギーの8割《わり》は植物から得られていたことがわかっている。料理を作ったり、子どもを育てたり、女性が健康であることは、人々《ひとびと》が暮らしていく上で大切なことだ。そして植物採集は女性の仕事。植物採集のついでにこんな栄養食品もいっしょに得られるのはいいことだ。

タマムシの季節

雨季もたけなわになってくる1月、森へ行くと木の葉にタマムシが群《むら》がっていた。これこそが、乾季《かんき》に見つけた茶色の翅《はね》の主だった。生きたものはずんぐり丸く緑色に輝《かがや》き、翅の縁《ふち》は黄色い。ヘリモンフトタマムシという名前がついている。ここでは食べ物だ。手で採《と》ったり、高いところにいるのは掘り棒でたたき落としたりして集める。

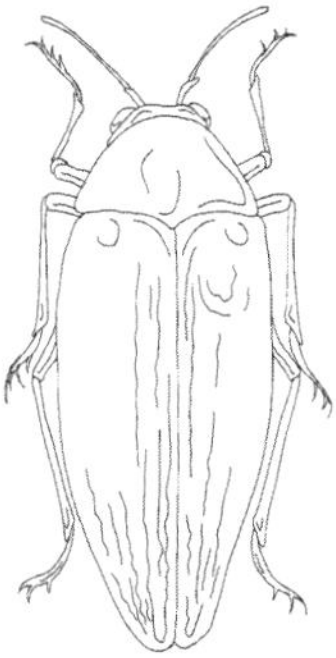

ヘリモンフト
タマムシ

タマムシと果実をいっしょに臼《うす》で搗《つ》く。

コクと甘酸《あまず》っぱさのあるタマムシペーストのできあがり。

採《と》ってきたタマムシをまとめてたき火の灰《はい》にくべて焼く。そして、翅《はね》と頭と脚《あし》を取り除《のぞ》いて、そのままぱくりと食べてもいいけど、果実といっしょに臼《うす》に入れて搗《つ》く食べ方がある。果実が実も種もつぶれて、タマムシもつぶれて混《ま》ざり合ってペースト状《じょう》の料理になる。果実の甘酸《あまず》っぱさにタマムシのコクが合わさって深い味わいがする。このコクのある味を「ゴー」という。

　ここではアリも食べ物だ。野草を摘《つ》んでいるとき、人々《ひとびと》が灌木《かんぼく》の根元をつつくことがしばしばあった。アリの巣を探《さが》していたのだった。見つかったら、巣穴《すあな》を手でちょっと広げて、その周りをパンパンたたく。すると、巣の中のアリは攻撃《こうげき》されていると思って反撃《はんげき》に出てくる。それを手早く握《にぎ》り、草を束《たば》ねたもので縛《しば》くるむ。そして草で縛《しば》って持ち帰るんだ。野草を搗いて、仕上げにアリをふりかけ、さらに搗く。アリがつぶれてその酸味《さんみ》が野草にしみる。アリ・ドレッシングだ。野草をほおばると時折まだつぶれていないアリが口に入ってくる。お腹《なか》を噛《か》むとプチッとした食感とともに、ほとばしる酸味を味わうこ

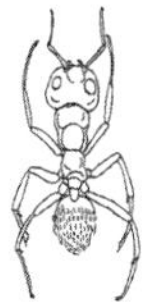
アリ

アリと野草を搗《つ》いた料理。アリの酸味《さんみ》がドレッシングのようだ。

とができる。

おいしく料理する

タマムシもアリも搗《つ》いていた。日本では搗くというと「もち搗き」を思い浮《う》かべるけれど、ここではスイカをはじめいろんなものを搗いていた。前に話したように、搗く料理ってどんなだろうと気にしてみると、いろんな搗き方のあることがわかった。搗く強さ、時間、混《ま》ぜ合わせる材料でそれぞれ料理法があった。臼《うす》で搗くということには、硬《かた》い材料をつぶしてやわらかくして食べやすくする目的がある。それだけではなく、搗き加減《かげん》によっ

搗《つ》くことで新しい別の味や食感が生まれる。

て、口当たりが変わること、そして、異《こと》なる食材を合わせることによって、新しい別の味を作り出すこと、このふたつは食生活を考える上で大事なことだ。何でも食べればいいってことではない。おいしく食べるということを彼《かれ》らは考えているんだ。そしてそれを楽しんでいる。

たいそうな調理器具や香辛料《こうしんりょう》などなくても、臼と杵《きね》が調理道具だ。そして野にあるいろんな食材で料理のバリエーションができている。これはすごいなって思った。

アフリカのイモムシ食

イモムシは、アフリカの各地で食べられている。町の市場に行けば干《ほ》したイモムシがたくさん売られているのを目にする。昆虫《こんちゅう》を食べるのは狩猟採集民《しゅりょうさいしゅうみん》だけでない。農耕民《のうこうみん》も町で暮《く》らす人も食べている。

イモムシが現《あらわ》れる期間は短い。でも、いっときに大量発生し、逃《に》げ回ることもないので、つかまえるのはわりとたやすい。そのときに集中して集め、加工して干しておけば、長期にわたって保存《ほぞん》して食べることができる。さらに遠くまで運ぶこともできる。ぼくはそういう虫食材の広がりを調べてみた。

モパニムシ

南アフリカ共和国。首都プレトリアやヨハネスブルグの大都市の市場にも干しイモムシを見かける。これは、モパニムシというガの幼虫《ようちゅう》だ。モパニという植物の森で採《と》れるこのイモムシは干物《ひもの》にさ

干《ほ》したモパニムシを売る。同じ量の牛肉よりずっと高い高級品だ。

れて運ばれる。鉄道駅やバスのターミナルにはモパニムシ売りの人たちの販売台《はんばいだい》が並《なら》んでいる。村人たちから集めてきたり、自分でも採ったりして加工したものだ。南アフリカ国内だけでなく、国を越《こ》えてジンバブエからはるばる運んで来る人もいる。トラックを使ってボツワナから売りにくる人もいる。

1カップの値段《ねだん》は、同じ量の牛肉と比《くら》べるとずっと高い。高級品だ。だけど、よく売れる。

この干しモパニムシ、そのまま食べればスナックのようだ。大人《おとな》にはビールの

モパニムシのシチュー

つまみにうってつけだ。パリパリッとして、少し塩味がして、煮干《にぼ》しのような味がする。ダシの味がするんだ。

この干しモパニムシを水につけてしばらく置くとやわらかくなる。これをタマネギやトマトと煮《に》こめばシチューになる。虫のダシが出るようだ。油炒《あぶらいた》めにしてもいい。身がやわらかくなって、モパニムシのうまみが野菜にもしみて、おいしい料理のできあがりだ。こちらの人々《ひとびと》は、トウモロコシの粉を主食にしている。煮立《にた》った湯に粉を入れてかき混《ま》ぜると、カユのようなものができあがる。このカユのおかずになるんだ。

自然の中の創造力《そうぞうりょく》

アフリカは、訪《おとず》れる前までとても遠い国だと思っていた。暮《く》らし方も、日本に暮らすぼくとは全然違《ちが》うと思った。けれども、料理のこだわり方やおいしさを楽しんだり、そしてモパニムシのダシの味を味わったりすることは、ぼくたちと同じようだなと思うようになった。いや、彼《かれ》らのほうがいろんな能力《のうりょく》ではずっと優《すぐ》れていることが多い。たとえば、野に出て火を起こす。堅《かた》い木でやわらかい木を擦《こす》って、確実《かくじつ》に火を起こすことができる。言われてみれば、なんだそんなことって思うかもしれない。あるいは、本当に原始人だって思うかもしれない。けれども、どんな状況《じょうきょう》でもそこにあるもので工夫《くふう》すること、その工夫に人間の創造力があふれている。もっともっと自然に生きていくことを学んでいきたい。

ここまで、ラオス、アフリカとよその国の人たちの様子《ようす》をみてきた。虫と人の緊密《きんみつ》な関係や、自然に生きる人々の暮らしは今の日本にもある。次の章では日本に戻《もど》って、わたしたちの身の回りに目を向けてみよう。

野中先生の虫よりな話③

カラハリ砂漠《さばく》の虫遊び

サンの子どもたちは身近な虫でいろんな遊びをする。虫の不思議な動きが子どもたちの心をとらえている。

こういう遊びは、虫それぞれがもつ特有の性質《せいしつ》（動き、形、虫のもつ成分）をうまく生かしている。みんなのなじんでいる遊びと比《くら》べてみたらどうだろう。

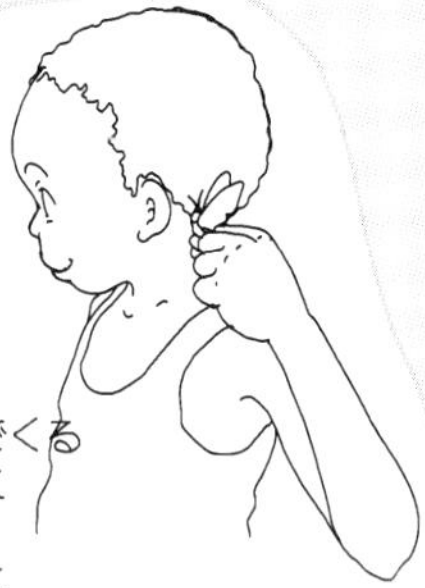

ガのうちわ
たき火に飛んでくる
ガをつかまえて
耳に近づける。
羽ばたきの音と
空気の動きを楽しむ。

チョウチョツリー
風の強い日は
あまり飛び立たない。
木の枝《えだ》に次々《つぎつぎ》と
止まらせていく。

アリくねくね
グンタイアリをつかまえて、尻《しり》に木の細い棒《ぼう》を刺《さ》して地面に立てる。
飛び立てないグンタイアリは翅《はね》をばたつかせてゆっくりクネクネ動く。
子どもたちは歌を歌いながら、体とその動きを楽しむ。

わらわら

フン虫や甲虫《こうちゅう》を集めて
手にいっぱいまとめ
一気に放す。四方八方《しほうはっぽう》に
わらわらと散らばっていく
様子《ようす》を楽しむ。

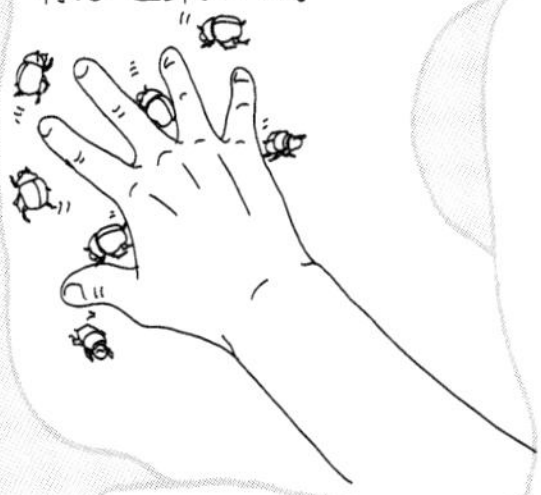

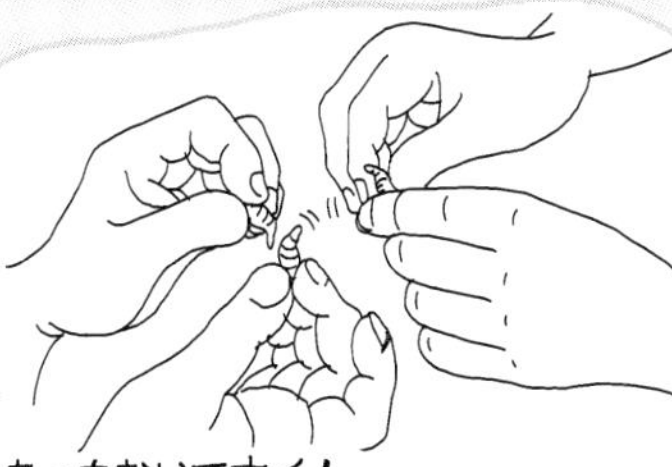

あっちむいてホイ!

チョウのサナギの頭の方を持つと、
おしりをピクッ ピクッと動かす。
子どもたちは「ハンシー、ハンシー」
とはやす。
ハンシーとは遠《とお》く離《はな》れた町の名前。
「ハンシーはどっち?」と
言っているのだ。
日本でもあったカイコのサナギを
持って「西はどっち?」と
言い合う遊びと同じだ。

力自慢《ちからじまん》

フン虫をひもで結《ゆ》わえて
棒《ぼう》をつけて引っ張《ぱ》らせる。

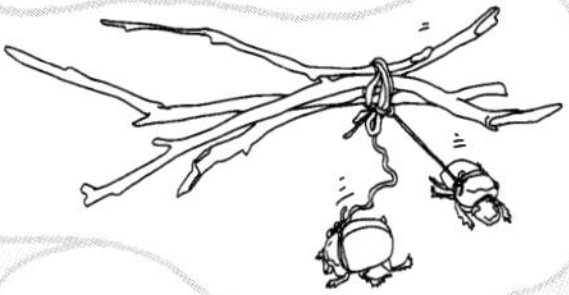

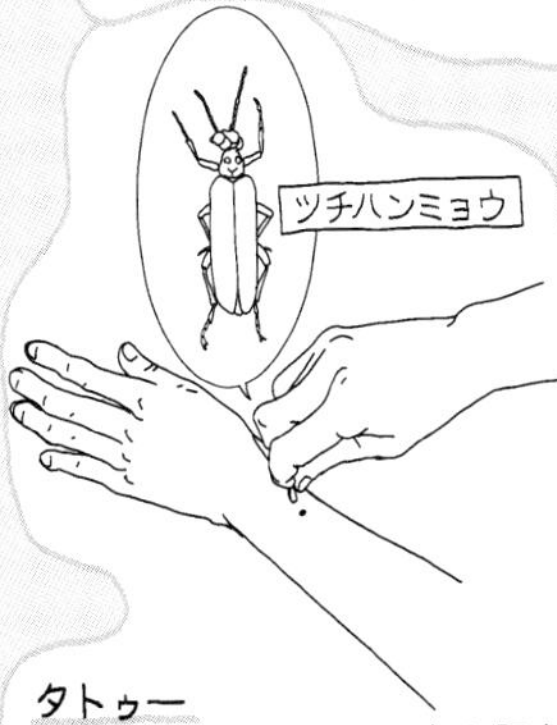

射的《しゃてき》

おもちゃの弓矢を作り、
家のまわりの草むらに
止まるバッタを
標的《ひょうてき》として狙《ねら》う。
これは男の子が
将来弓矢猟《しょうらいゆみやりょう》で狩《か》りを
するための第一歩
になる。

タトゥー

女の子はツチハンミョウの頭をちぎり、体液《たいえき》で
皮膚《ひふ》がただれる炎症《えんしょう》を利用して模様《もよう》をつけて
楽しむ。

第四章　大人《おとな》は　はちの子
―スズメバチに挑《いど》む―

スズメバチは危《あぶ》ない？

獰猛《どうもう》なハンター

夏休みを過《す》ぎると、恐怖《きょうふ》でテレビをにぎわせる虫が登場する。スズメバチだ。最近は、住宅地《じゅうたくち》近くや公園にも出てくる。開発がスズメバチの生息している森を切りひらいていったこと、アウトドア・レジャーで山の中へもよく出かけるようになって、ゴミ箱に飲みさしのジュースの空き缶《かん》を捨《す》てていくので、それを飲みにくるスズメバチが増《ふ》えて、遭遇《そうぐう》する機会が増えたことなどが原因《げんいん》だ。刺《さ》されると危ないので、話題になる。ちょうど遠足の季節になるのでみんなも気がかりだろう。

樹液《じゅえき》を飲みにきたスズメバチ（右）

スズメバチの幼虫《ようちゅう》は肉をエサにする。だから、幼虫を育てるためにハタラキバチはエサを求めて、飛び回っている。けれども甘《あま》い液体《えきたい》も好きなんだ。カブトムシやクワガタムシを求めて木の樹液《じゅえき》を探《さが》していくと、スズメバチがいることもある。せっかくの獲物《えもの》を目の前にしても、スズメバチがいたばかりにつかまえることができなくて、くやしい思いをした人もいるだろう。

スズメバチの仲間は、巣盤《すばん》が何層《なんそう》にも重なって、外殻《がいかく》でおおわれたボール状《じょう》の巣を作る。地中に巣を作るクロスズメバチの仲間やオオスズメバチ、木や家の軒下《のきした》に巣を

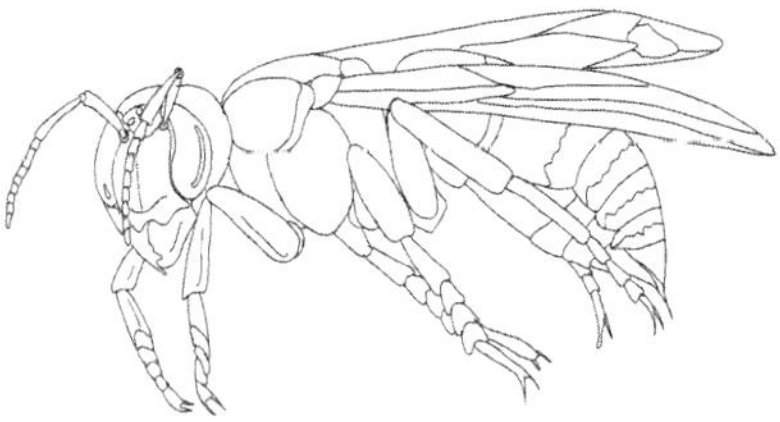

オオスズメバチ

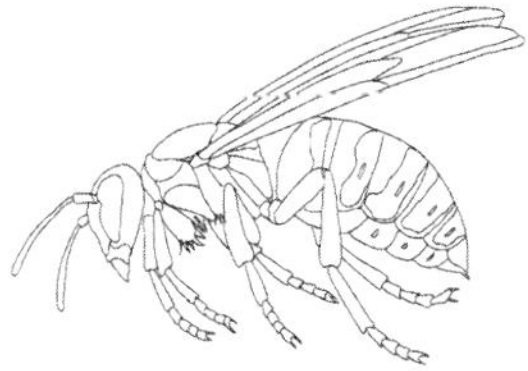

キイロスズメバチ

かけるキイロスズメバチ、コガタスズメバチなどがいる。

森では気をつけよう

ハチの毒にアレルギーを持っている人もいる。こういう人が刺《さ》されたらショック症状《しょうじょう》を起こすので危《あぶ》ない。充分《じゅうぶん》に気をつけることが必要だ。うっかり巣のそばに近寄《ちかよ》らないように。飛んでいるハタラキバチも触《さわ》ったり、むやみに追い払《はら》ったりして、ぎゃくに攻撃《こうげき》されないようにそっとしておこう。また、森の中でいきなり出くわしてしまわないように注意しておこう。

本当は、巣に近づく敵《てき》がいると、ハチは顎《あご》をカチカチ鳴らして、相手を脅《おど》すんだ。それに気付けばその場から遠ざかればいい。でもそれに気付かず、巣のありかまで行ってしまうと、巣を守ろうと攻撃を受けてしまう。

スズメバチを採《と》る

けれども、そんな危ないハチを喜んで追いかける人たちもいる。スズメバチのはちの子は、おいしい食べ物にもなるからだ。

地中に巣を作るクロスズメバチはとくに好まれている。長野県や岐阜県、愛知県、静岡県、山梨県の山の方のおみやげもの屋で、はちの子の缶詰《かんづめ》や瓶詰《びんづめ》が売られている。煮付《につ》けたはちの子はパック入りでそうざいコーナーで売られていることもある。秋のシーズンには生きたはちの子入りの巣も並《なら》ぶんだ。

クロスズメバチ

こんなはちの子をどうやって手に入れ、料理にするんだろう。

ハチの巣は野山の地中にあって簡単《かんたん》には見つからない。そこで考案されたのが「ハチ追い」と呼《よ》ばれる方法だ。ここではクロスズメバチの例を紹介《しょうかい》しよう。

スズメバチの仲間は春から初夏にかけて巣作りを始めていく。ハチ追いの最盛期《さいせいき》は、巣が大きくなり、中にはちの子がたっぷり詰《つ》まった秋だ。

幼虫《ようちゅう》のエサを探《さが》し求めてハタラキバチが野山を飛んでいる。そこで肉を用意してみるんだ。棒《ぼう》に鶏《とり》肉《にく》や魚の身、カエルの身をエサにして刺《さ》しておくと、ハタラキバチが寄《よ》ってくる。そのハタラキバチは、肉を噛《か》みきって団子状《だんごじょう》に丸めて、巣へ運ぶ。そうしたらまた、しかけたエサのところに戻《もど》ってくる。そこに、肉団子を用意して差し出すと、それに食らいついてくる。肉団子を作る手間がかからず、すぐ運べるから楽なんだ。その肉団子には紙などで作っ

た目印を付けておく。小さな黒い体は野山では見つけるのがたいへんだけど、白い目印は目立ってよくわかる。ハタラキバチが目印のついた肉団子を持って飛び立つと、それを頼《たよ》りに追いかけていくんだ。一度ではとちゅうで見失ってしまい、巣までたどり着くことは難《むずか》しいので、何度も繰《く》り返す。ひとりでエサをつけて追いかけるのは難しい。グループでやることが多い。山の起伏《きふく》、木の茂《しげ》み、こんな中を追いかけるのはたいへんだ。ある人は木に登って、指示を出す。追いかけていく人は斜面《しゃめん》を登ったり下りたり苦労する。

こうして追いかけて、巣に近づいていく。目の前を目印のついたハチがぶーんと飛んでいき、すっと

落ちるようにして地面に降《お》りる。そこが巣の場所だ。この瞬間《しゅんかん》を見るのはとてもうれしい。やっと追いつめたのだ、という達成感と安心感、そして中にはどれほどの巣があるんだろうという期待感がふくらんで、これまでの苦労がすべて吹《ふ》き飛んでしまう。

掘《ほ》り出す

次は巣を掘り出す番だ。そのまま掘り出そうものなら、巣を守ろうとするハチの猛攻撃《もうこうげき》を受けてしまう。そこで、煙幕《えんまく》を使う。今ではハチ採《と》り専用《せんよう》の煙幕も売られているほどだ。巣穴《すあな》に煙幕を差しこんで、麻痺《まひ》させる。エサを運んできたハタラキバチはどうしてよいかわからず、舞《ま》っているだけだ。この間に

ハタラキバチに、目印をつけた肉団子《にくだんご》を差し出す。

巣を掘《ほ》り出して袋《ふくろ》に詰《つ》める。喜びもひとしおだ。

すかさず掘《ほ》り出す。シャベルを使って周りを掘り進めていく。巣の縞模様《しまもよう》が見えたらしめたもの。その周りの土を崩《くず》して掘り広げ、ボール状《じょう》の巣を取り出す。麻痺《まひ》しているうちに、袋《ふくろ》に詰《つ》めて収穫《しゅうかく》だ。

次の世代の新女王バチになる幼虫《ようちゅう》の入った巣盤《すばん》とハタラキバチを残して埋《う》め戻《もど》すこともある。巣が直されて、新女王バチが羽化《うか》することが期待されるのだ。

はちの子を料理してみよう

はちの子ご飯

ぼくの母は、はちの子ご飯が大好きだ。毎年新鮮《しんせん》なはちの子が手に入る秋を楽しみにしている。缶詰《かんづめ》のものよりもやはり新鮮なほうがおいしい。みずみずしさとプリプリした歯ごたえ、そして甘《あま》みがとてもきわだっている。

でも、料理になるまでの手間はけっこうたいへんだ。重なっている巣盤《すばん》を1枚《まい》ずつ

巣から１匹《ぴき》ずつはちの子を取り出す。繊細《せんさい》な作業だ。

外していく。たっぷり幼虫やサナギの詰まっている巣盤が出てくるとうれしくなる。翌年《よくとし》の女王バチになる巣盤は、幼虫も大きく、これが詰まっているとさらにうれしい。

　そして、ここからが本番だ。巣盤からはちの子を1匹《ぴき》ずつ抜《ぬ》き取っていくのはたいへんだ。六角形の部屋の一つ一つに小さな体がぎゅっと入って落ちないようにくっついている。手で抜き取ろうとすると、逃《のが》れようとくねくね動き、ぎゅっとつまむとつぶれてしまう。ピンセットや毛抜《けぬ》きを使って慎重《しんちょう》に、でもすばやく表面の硬《かた》い皮をつまんで抜き取っていかねばならない。家族や友人も参加してみんなで取っていく。これに要する時間を計ってみたことがある。910グラムの巣からしめて600グラムのはちの子を取り出すのに、大人《おとな》2人子どもも2人で4時間ほどかかった。もっともこの作業の中心は母親だ。ぼくや息子《むすこ》たちは見よう見まねで、おぼつかなくて、はちの子をつぶしてしまうこともある。でも、うまく取り出せたときはうれしく、次にチャレンジしたくなる。サナギの多い巣は、かぶさっている蓋《ふた》を一つ一つむしり取って、さかさにしてぽんとたたくとぼとぼとっと落ちる。この手ごたえを得たときの充実感《じゅうじつかん》はひとしおだ。作業は細かいがわくわくする。

この時間は、手先を動かしながらおしゃべりをする時間でもあるんだ。はちの子の採《と》り方や採ったときの様子《ようす》、昔の思い出など話題がつきない。また、それが思い出となって頭に残る。体で覚えながら知識《ちしき》や文化を受け継《つ》いでいくのに大切な時間だ。

次は、はちの子の調理。塩で炒《い》ったり、しょうゆ味で煮付《につ》けたりする。母は煮付けが好きだ。はちの子を鍋《なべ》に入れたら、そこにしょうゆを注ぐ。分量は、とくに量るわけではない。グツグツ煮ることができるよう全体がひたる程度《ていど》でだいたいだ。酒や砂《さ》

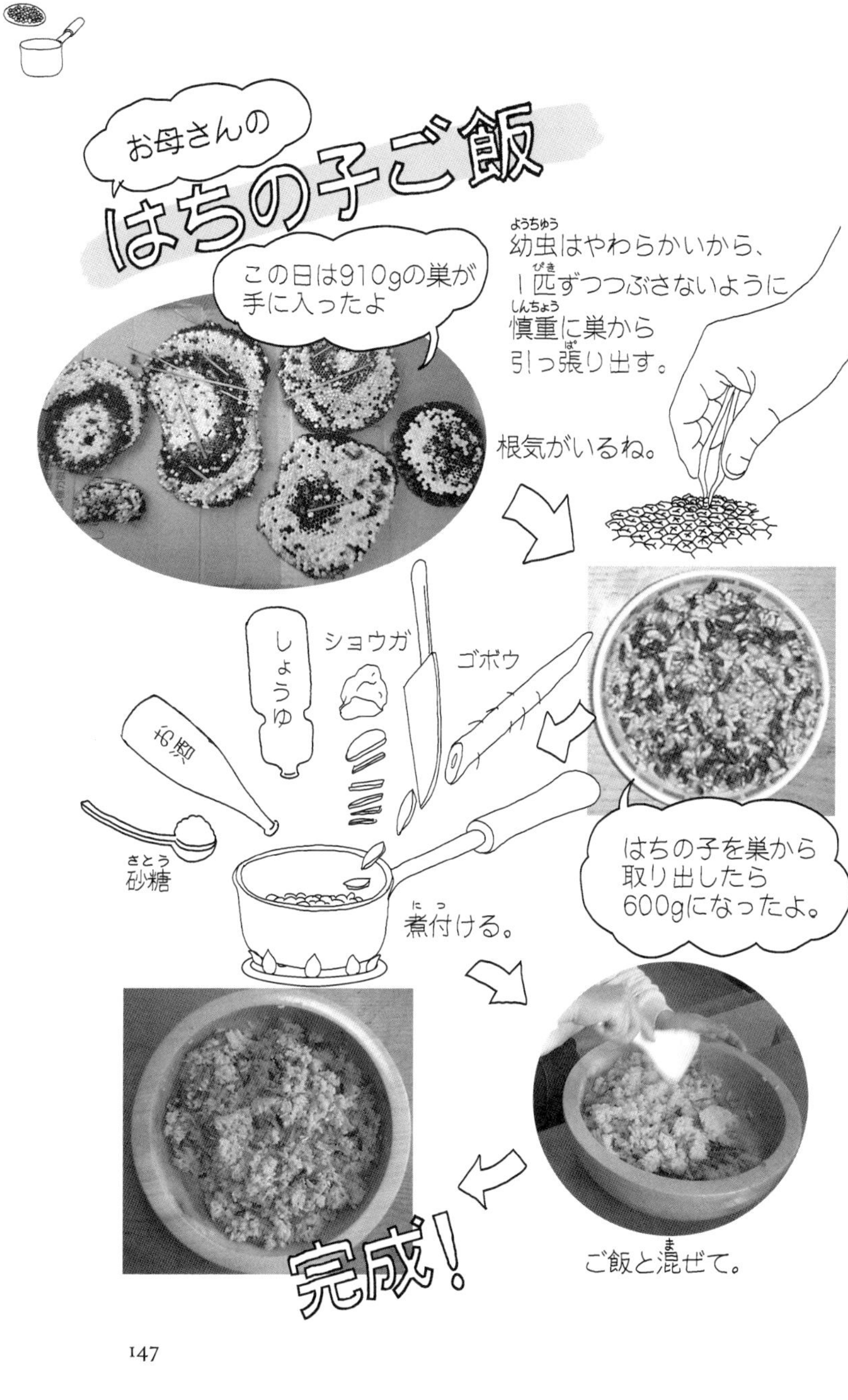
お母さんの
はちの子ご飯
この日は910gの巣が手に入ったよ
幼虫《ようちゅう》はやわらかいから、1匹《ぴき》ずつつぶさないように慎重《しんちょう》に巣から引っ張《ぱ》り出す。
根気がいるね。
しょうゆ
ショウガ
ゴボウ
お酒
砂糖《さとう》
煮付《につ》ける。
はちの子を巣から取り出したら600gになったよ。
ご飯と混《ま》ぜて。
完成!

完成したはちの子の煮付《につ》けと、はちの子ご飯。

糖《とう》で味付ける。ゴボウやショウガも入れる。味がしみておいしくなる。火にかけてぐつぐつ煮《に》こんでいく。味を見ながら、薄《うす》ければしょうゆを足していく。汁気《しるけ》がなくなってきたらできあがり。手で持つとつぶれそうなぷにゃぷにゃしたやわらかさではなく、煮しめられて噛《か》みしめるとぎゅっと甘《あま》い味が出てくる程度《ていど》の歯ごたえになっておいしい。

この煮付けを使ったはちの子ご飯もごちそうだ。この場合には、煮汁《にじる》を残しておき、ごはんを炊《た》くときに、この煮汁を先にかまに入れておく。するとご飯にも味がしみこ

む。炊きあがったら、はちの子を入れてさらに蒸《む》らす。炊きこむよりも、このほうがはちの子の味が抜《ぬ》けず歯ごたえがいいんだという。ほどよい混《ま》ぜ加減《かげん》が大事なんだ。はちの子の味と香《かお》りが全体に行きわたったらできあがり。
炊きあがったご飯に、煮付けたはちの子を入れてかき混ぜても、かんたんでおいしくできあがる。ちらし寿司《ずし》を作るようなものだ。

クロスズメバチを育てる

はちの子は、巣の中の幼虫《ようちゅう》やサナギがもっとも多くなる秋が食べるときだ。夏のうちは巣がまだ小さい。けれども、それをあえて採《と》って、家で育てることもある。

夏のはじめ、野山でまだ巣の小さいうちに採ってきて、専用《せんよう》の巣箱に入れて、世話しながら育てるんだ。小さな巣を探《さが》すことも、採ることも慎重《しんちょう》に進めないといけない。土の中で育つハチを人工的に箱に入れて飼《か》うのだから、湿気《しっけ》や気温や日当たりに充《じゅう》

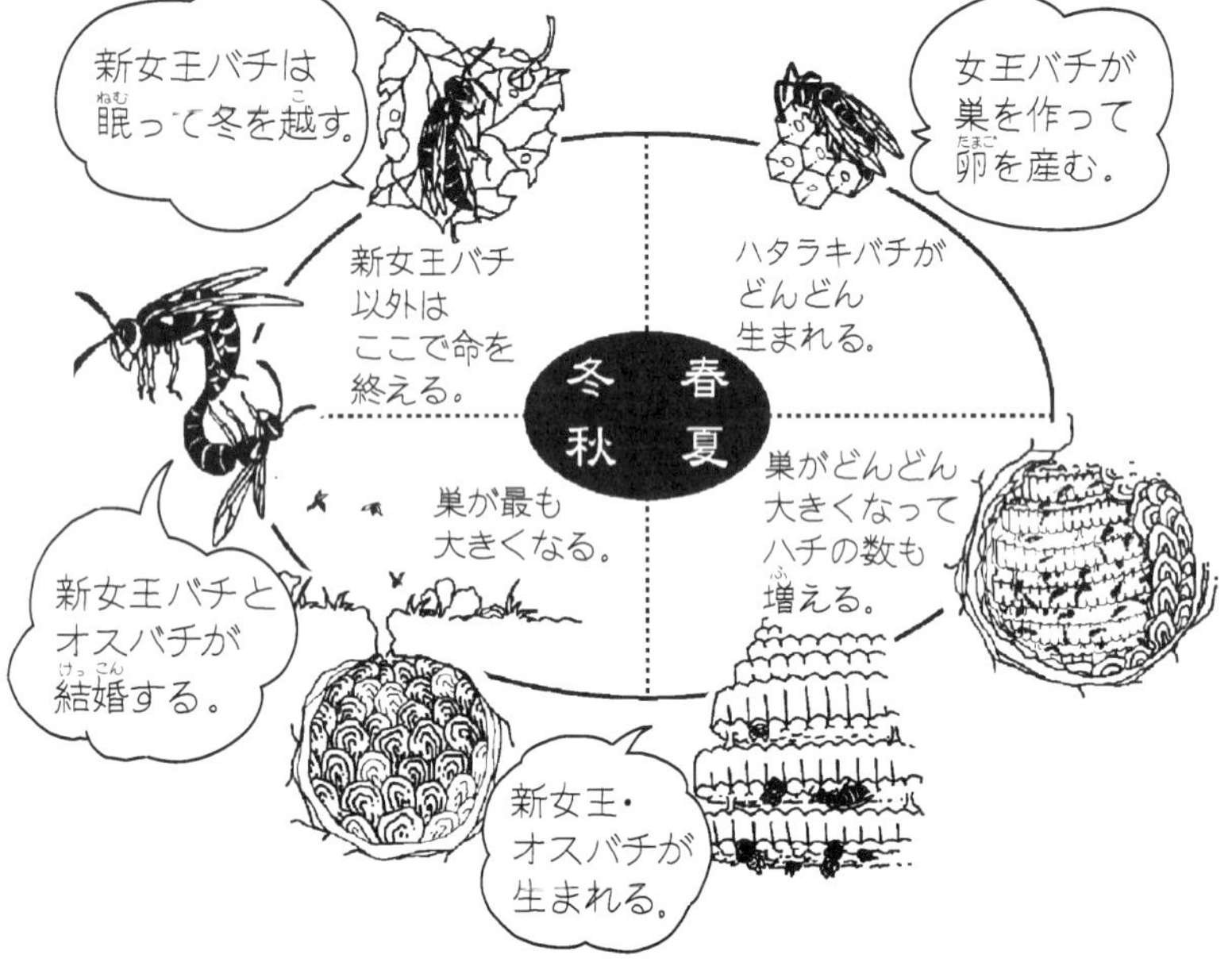

新女王バチは
眠《ねむ》って冬を越《こ》す。
女王バチが
巣を作って
卵《たまご》を産む。
新女王バチ
以外は
ここで命を
終える。
ハタラキバチが
どんどん
生まれる。
冬
春
秋
夏
巣がどんどん
大きくなって
ハチの数も
増《ふ》える。
巣が最も
大きくなる。
新女王バチと
オスバチが
結婚《けっこん》する。
新女王・
オスバチが
生まれる。

クロスズメバチの一年

分《ぶん》注意して、置き場所も決める。

ハタラキバチが順調に出入りするようになればしめたもの。巣の出入り口やそばに肉を用意しておけば、それもエサとして運ぶ。こうして上手《うま》く育てると確実《かくじつ》に大きな巣を得ることができるんだ。

秋になって翌年《よくとし》の新女王バチや、交尾《こうび》するためのオスを放したり、あるいは、交尾した新女王をつかまえて、箱に

庭先で飼《か》うヘボの巣箱。手前に見えるのはエサ。

入れて越冬《えっとう》させ、翌年の春に野に放つ。こういう活動も行われている。

みんなで育てる文化

岐阜県恵那《えな》市に串原《くしはら》という集落がある。2004年までは串原村《くしはらむら》という独立《どくりつ》した村だった。恵那市の中心から車で1時間ほど。山あいの谷間をぬって走り、川をわたって山を上る一本道を上がれば、串原の里が広がる。

ここの人たちは、クロスズメバチを方言で「ヘボ」と呼《よ》ぶ。語源《ごげん》はよくわからないけど親しみやすい名前だ。ここは、「ヘボ

の村」として村おこしを始めて、全国のクロスズメバチ愛好家たちをリードしてきた。村の有志《ゆうし》が集まって、ヘボを絶《た》やさないように、増《ふ》やしていこうと考えたんだ。そして、新女王バチを越冬《えっとう》させて、村の中に放していくことを始めたんだ。「くしはらヘボ愛好会」という組織《そしき》が作られ、80名ほどが参加して活動している。

長野県、岐阜県、愛知県、静岡県、山梨県の山間部では、昔からクロスズメバチを

「へボの家」と名付けた小屋で、愛好会員らが巣を飼《か》い育てる。

採《と》って育ててごちそうにしてきた。こんな自然の恵《めぐ》みを大切にし、技術《ぎじゅつ》をさらに発展《はってん》させ、そして次の世代へつないでいこうと、串原《くしはら》と同じように各地でグループが作られた。今では30あまりある。

たくさん採って食べたいし、だからといって、どんどん採り続けていくとやがていなくなってしまう。とくに力を入れているのは、村でクロスズメバチを増やすための取り組みだ。クロスズメバチは、秋に、翌《よく》年《とし》の新しい女王バチが巣立ち、交尾《こうび》をした後、枯《か》れ葉の下などで冬を越《こ》す。自分たちで夏から秋に巣箱で育てた巣から飛び立つ新女王バチをつかまえて、もっといい条件《じょうけん》の下で冬を越《こ》させ、翌年《よくとし》に近くの野に放つ。そうすれば、より多くのクロスズメバチが村にいるようになるだろう。くしはらヘボ愛好会では、「ヘボの家」と名づけられた小屋で、いくつもの巣を飼《か》い育てている。多い年には、ここから7000匹《びき》もの新女王バチが得られる。それらは愛好会会員にわけられ、めいめいが自宅《じたく》で箱に入れて大切に越冬《えっとう》させる。土蔵《どぞう》、作物《さくもつ》を貯蔵《ちょぞう》するために崖《がけ》にあけられた横穴《よこあな》、北側の部屋など、温度が低く適度《てきど》な湿気《しっけ》のある場所に置き、そっとしておきながらも時折霧《きりふ》吹きで水をかけたり、死んでしまったハチを取り除《のぞ》くなど、冬眠中《とうみんちゅう》の女王バチの世話をこまめにしていく。冬を越して、暖《あたた》かくなってきたら頃合《ころあ》いを見計らい、野に放つ。家の近くに巣を作ってくれますようにと願いながら。女王バチは翌年に人間の思い通りの場所に巣を作るとは限《かぎ》らない。野生の中で、女王バチ自身が巣作りに良い場所を見つけるからだ。

新女王バチが巣立つまで、近所に住む三宅尚巳《みやけなおみ》さんが中心となって日夜世話をしている。三宅さんは愛好会の初代会長だ。長年つちかってきた技《わざ》と知識《ちしき》はもとより、人

愛好会の初代会長・三宅尚巳《みやけなおみ》さん。会から広がった仲間作りと今後の希望をこめて「友好」と石碑《せきひ》に刻《きざ》んだ。

なつっこい笑顔と親切さで、訪《たず》ねる人たちはみなファンになる。鋭《するど》い探求《たんきゅう》心《しん》と飼育《しいく》の技はだれもがかなわないなあと感心する。だから各地のグループが集まって「全国地蜂《じばち》連合会」ができたときの初代会長にもみんなから請《こ》われて就《つ》いた。

ヘボを飼っていると、それに没頭《ぼっとう》してしまう。ヘボは朝方目覚めて活動をはじめるが、それより早くから起きて、エサを与《あた》える。日中もどれほどエサを食べているか気がかりで、エサの鮮度《せんど》が悪くなれば交換《こうかん》する。魚、鶏肉《とりにく》、レ

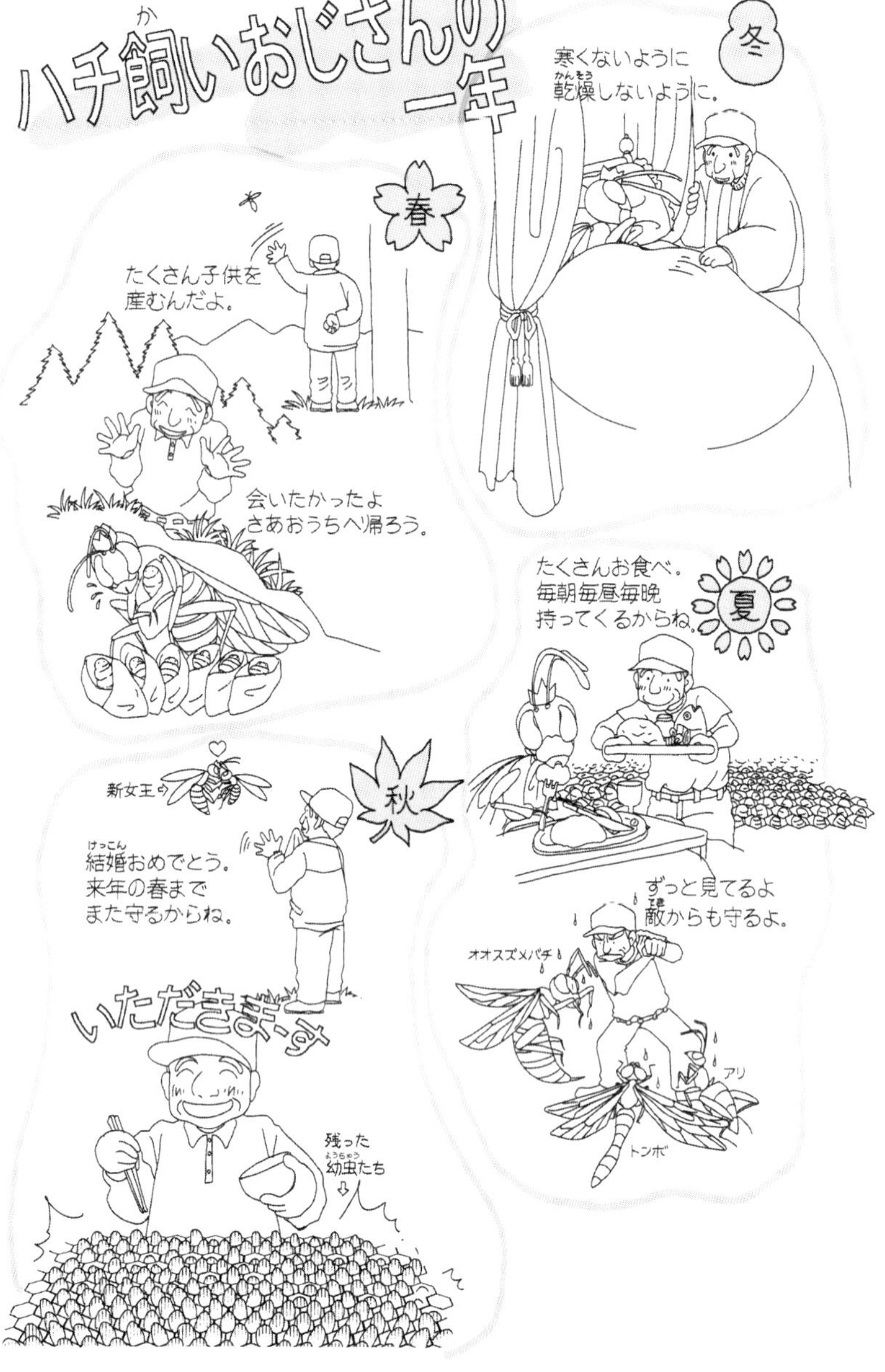

ハチ飼《か》いおじさんの一年
冬
寒くないように
乾燥《かんそう》しないように。
春
たくさん子供を
産むんだよ。
会いたかったよ
さあおうちへ帰ろう。
夏
たくさんお食べ。
毎朝毎昼毎晩
持ってくるからね。
ずっと見てるよ
敵《てき》からも守るよ。
オオスズメバチ
アリ
トンボ
秋
新女王
結婚《けっこん》おめでとう。
来年の春まで
また守るからね。
いただきまーす
残った
幼虫《ようちゅう》たち

バーなど食いの状態《じょうたい》をみながらエサの種類を取り替《か》える。ミツを与《あた》えることも大事だ。砂糖水《さとうみず》にワインなどを混《ま》ぜて香《かお》りを良くして、たくさん飲むようにする工夫《くふう》もある。10個《こ》ほど巣を飼《か》うと、数百キロの砂糖が必要だ。

ヘボを襲《おそ》うオオスズメバチなどの外敵《がいてき》を監視《かんし》する。地面からアリが上ってこないように巣の置き方にも注意する。自然の中から採《と》ってきた小さな巣はか弱い。うまく巣作りできるように、ヘボが何を欲《ほっ》しているのか、巣がどのような状況《じょうきょう》にあるかを見極めるために、季節の温度・湿度《しつど》の変化、回りの環境《かんきょう》の変化、ヘボの動き、飛び方や通い方を常《つね》に気にかけている。ヘボのみならず、ヘボの習性《しゅうせい》や成長に関連する回りの環境も含《ふく》めてわかっていなければならない。明けても暮《く》れても一年中、ヘボ中心の生活になってしまう。家でも外へ出ても観光旅行に出かけても、村人にはヘボが気にかかる。観光地でヘボのハタラキバチを見つけたら、そのまま追いかけてしまうほどだ。時間がなくて、巣まで追いつめることができなかったときの話は本当にくやしそうだ。飼《か》っていれば、ヘボの「顔」も気になる。よく見ると一匹《ぴき》一匹顔の模様《もよう》が違《ちが》

野中先生の むしよりな話④

幻《まぼろし》のカミキリムシを求めて

日本の昆虫食《こんちゅうしょく》の中で忘《わす》れてはならないものがある。それはカミキリムシの幼《よう》虫《ちゅう》だ。これは、かつて炊事《すいじ》や暖房《だんぼう》のための燃料《ねんりょう》に薪《まき》が使われていた時代、木を伐《き》り割《わ》ると中からころころ出てきたのだった。山村各地ではよく食べられていた。村人たちは、それを取り出して火であぶると「ひゅーっと伸《の》びてな」とうれしそうに当時を思い出し、「あれはうまかったなぁ」と遠くを見ながら語っていた。元気になるからといって、子どもにもよく食べさせていたそうだ。だれもがおいしいと言っていたカミキリムシの幼虫。時代が変わり薪が使われることはとても少なくなり、ぼく自身はなかなか食べる機会がなかったが、ぜひ一度食べてみたかった。

学生時代、遺跡調査《いせきちょうさ》の仕事で森をきりひらいているとき、木からそのカミキリムシの幼虫が出てきた。「昔はよく食べたなぁ」と、いっしょに仕事をしていたおじさんが言う。こんなチャンスはもうないかもしれない。お願いして料理してもらった。木を集めてたき火を燃《も》やし、そこに幼虫をくべる。もぞもぞ動いていたのが、そのうちに本当にひゅーっと伸びた。昔はこうやって食べていたんだよと、口にしたその顔はまさに「うまいなぁ」という顔。表紙のおじさんだ。この顔をみれば、だれもが虫はおいしいって思うだろう。

う。巣箱の中はのぞけない。顔の様子《ようす》から、このヘボの巣は大きいかな、元気かなと想像《そうぞう》するそうだ。そんな、相手をわかりたい気持ちと献身的《けんしんてき》な世話によってヘボ飼育《しいく》は成り立っている。その絆《きずな》はあるときには家族同様、あるいはそれ以上かもしれない。しかし、家族の属《ぞく》する地域《ちいき》社会がともにヘボ文化を享受《きょうじゅ》しているからこそ、そんなお父さんの没頭《ぼっとう》ぶりも自然に受け入れられている。

7キロの巣

毎年11月3日は、串原《くしはら》の「ヘボの巣コンテスト」の日だ。ヘボを育てる愛好家が巣を一堂に持ち寄《よ》り、巣のできばえが重量で競われる。周辺の市町村、愛知、長野、静岡などとなりの県からも100名以上が自慢《じまん》の巣を持ち寄る。東京からの出品もあった。結果はふたを開けてみなければわからない。もぬけのカラだった、っていうこともある。採《と》ってきた元の巣の状態《じょうたい》、そして設置《せっち》場所や世話の仕方次第《しだい》で期待通りにならない場合もあるが、うまく育てれば、自然状態のものより大きくすることができ

「ヘボの巣コンテスト」で優勝《ゆうしょう》した７キロの巣

る。

飼育技術《しいくぎじゅつ》がどんどん向上し、今では優《ゆう》勝《しょう》する巣は7キログラムを超《こ》える。天然の巣が平均《へいきん》して1〜1.5キログラムほどなので、いっしょうけんめい世話をして育てた成果が出ている。大きな巣を育てた人の周りにはおおぜいの人たちが集まり、巣箱を見て、形、置く場所、エサの与《あた》え方などを熱心にたずねている。自分のやり方とどこが違《ちが》うか、巣の回りの環《かん》境《きょう》がどんななのか。このコンテストは大切なコミュニケーションと情報交換《じょうほうこうかん》の場だ。秘密《ひみつ》にすることなく自分の試し

ヘボ五平餅《ごへいもち》を焼くのに大いそがし。香《こう》ばしいにおいがただよう。

てきた工夫《くふう》を教え合っている。こうしたお互《たが》いの向上心がハチを育てる文化全体を盛《も》り上げていく。熱心に研究を進めている人たちもいる。経験《けいけん》の積み重ねから新しい科学的発見も出た。

2000本の五平餅《ごへいもち》

この祭りのもう一つの名物は、「ヘボ料理」だ。なかでも「ヘボ五平餅」は大人気。五平餅というのは、ご飯をつぶして、串《くし》に団子状《だんごじょう》に形をつくったもの。それにタレを付けて香《こう》ばしく焼き上げる。岐阜、長野、愛知の山間部の名物だ。

このタレにヘボがすりつぶされて作られているのが「ヘボ五平餅《ごへいもち》」だ。ヘボの濃厚《のうこう》な味がたっぷり含《ふく》まれている。このときは、朝から2000本の五平餅が用意され、愛好会会員の女性《じょせい》たちが協力してどんどん焼き上げていく。炭火焼きの香《こう》ばしいにおいがあたりに広がる。買い求める人たちの行列も続き、午前中に売り切れてしまう。

ハチがぶんぶん舞《ま》う中で繰《く》り広げられるこの祭り。刺《さ》される人たちも多い。知らない人がこの光景を見たら、とんでもないと思うかもしれない。そんな気持ちに配慮《はいりょ》し、危険《きけん》を防《ふせ》ぐために、今では、巣を取り出すのは、特設《とくせつ》のビニルハウスの中で行われるようになった。中では防護服《ぼうごふく》を着た係の人たちが次々《つぎつぎ》と箱から巣を取り出していく。外からは熱心にそれをのぞく人たちでにぎわっている。飼育《しいく》の仕方をみるチャンスだ。それでも外に飛んでくるハチも多い。刺されたときに備《そな》えて救護《きゅうご》コーナーも作られている。毒を吸《す》い出す道具も用意してある。でも、たいていはキンカンを塗《ぬ》っておしまい。痛《いた》いだけなら、それでしばらくたてば治まってくる。刺される危険はたしかにある。ふつうなら被害《ひがい》を恐《おそ》れて自粛《じしゅく》しそうなイベントだが、その危険がどんな程度《ていど》かわ

かれば、それに対して「好き」という気持ちがあれば、いろんなことができていくことを示していると思う。

大人《おとな》たちの取り組みは、前の世代から受け継《つ》いできたことを自分たちも受け継ぎ、そして村を元気にしていこうという気持ちから始まった。各地でもできてきた仲間作りは、村からよその人たちと気持ちがつながってさらに大きく広がった。そして全国の組織《そしき》へと大きく発展《はってん》した。クロスズメバチを絶《た》やさないように守り育てていこう。そしてそれを採《と》り、育て、食べることのおもしろさを伝えていきながら、村を活性化《かっせいか》させよう。こういう文化の中で育ってきた人たちが、お互《たが》いの大切な気持ちをわかり合い、恵《めぐ》みを分かち合うことはとてもすてきだ。町にはクロスズメバチがいなくても、それを大切にする気持ちを分かち合うことができれば、村と町とのつながりもできるだろう。

野中先生の虫よりな話⑤

虫料理を作ってみよう

昭和《しょうわ》30〜40年代に、輸出《ゆしゅつ》向けに長野県でアリのチョコレートが作られていたという話を聞いた。アメリカでは人気商品だったそうだ。残念ながらアリが採《と》れなくなったことがきっかけで、作られなくなってしまった。それがいったいどんなものだったのか、ぜひ確《たし》かめてみたかった。

そこで当時の関係者から聞いた情報《じょうほう》をたよりに、アリをつかまえて自分で作ることにした。作り方は図の通り。チョコレート作りの要領《ようりょう》でアリをトッピングしたものだ。アリの酸味《さんみ》とチョコレートの甘《あま》みが合わさってけっこうおいしい。アリのプチプチした食感もいける。その後、アメリカでアリチョコを見たことありますよという人に出会った。レーズンチョコみたいな見た目だったそうだ。

アリチョコは輸出先では大好評《だいこうひょう》となり、日本ではハチやカイコのサナギやセミも食べますよと輸出先に伝えたところ、「虫ならなんでもいいから、同じような虫入りチョコレートを作ってほしい」とも言われて、はちの子やカイコのサナギ入りのチョコレートも製造《せいぞう》したそうだ。

こんな比較的《ひかくてき》新しい虫料理と伝統《でんとう》料理とを比《くら》べてみるのもいいかもしれない。伝統的な虫料理がずっと続いてきた理由はなにかを考えるきっかけになるだろう。

アリチョコを作ってみた

集めたアリ

沖縄《おきなわ》から
送って
もらった
アカアリ
50匹《ぴき》くらい。

近所の空き地で
つかまえた
クロアリ
20匹くらい。

アリが流れ出ないよう
ザルにガーゼを敷《し》いて
水洗《みずあら》い。

電子レンジで
約1分加熱。

長野では
油で揚《あ》げていたけど
今回はアリの量が
少なかったから
電子レンジを
使ってみたんだ。

チョコレートを
湯煎《ゆせん》にかけて
溶《と》かす。

型《かた》にチョコを
流し込《こ》む。
ミルクチョコの上に
アリの姿《すがた》がよく見える
ホワイトチョコをのせて
2層《そう》にしたよ。

ぱらぱら

上からアリをふりかける。

冷蔵庫《れいぞうこ》で1〜3時間
冷やす。

完成!

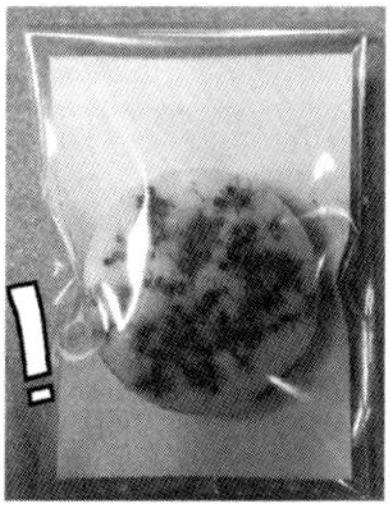

第五章

「ごちそう」は「親しむ」ことから

ぼくは、世界各地で虫を食べる人たちに会い、いろんな虫を食べさせてもらってきた。どこの人たちも「おいしい」と言っていた。そして、いろんな味があること、それぞれの味を生かした料理方法を教えてもらった。採《と》ることも、ときにはスリリングだけど、おもしろいものだということも体験した。

出会った人々《ひとびと》から、ぼくはたくさんのことを学ばせてもらった。もちろん、ここに書いてきたような知識《ちしき》や技術《ぎじゅつ》を教わったことは大事だった。

でも、そのような知識や技術が、どういう心持ちから生まれるのかということがわかったとき、ぼくははっと思った。それは「楽しむ」ということだ。

多くの食べる虫は自分たちの身の回りにいる。ふだんの暮《く》らしの中、そして、そこからちょっと入りこんだところにいる。そんな身近なところに「こんなおいしさがある」ってことや、つかまえるために虫の習性《しゅうせい》や自然の様子《ようす》を知ること、そしてつかまえる工夫《くふう》をすること。こうしたことは、人々が楽しみながらつちかってきたものだった。

いま、世界各地でおいしく食べられている虫は、長い年月をかけて、たくさんの種類の中から選ばれた結果なんだ。どの虫がおいしいかということは、すぐにわかるものではない。ずっと昔から人々が試行錯誤《しこうさくご》を積み重ね、いろんな虫の中から選んで受け継《つ》いできたからこそわかることだ。

同じように、虫をつかまえる技《わざ》も受け継がれてきた。技や道具だけではない。どこにいるか？　いついるか？　いつ食べるのがおいしいか？　こういう知識も、人々が経験《けいけん》を重ねてわかってきたものだ。

虫を食べるとは、こうした人々の工夫や思いを含《ふく》めて味わうことだ。食卓《しょくたく》に上がるまでには、採《と》ったり育てたりの工夫《くふう》、料理するときの下ごしらえなど、いくつもの行為《こうい》が連なっている。そこに採ったときの達成感や、自然の恵《めぐ》みへの感謝《かんしゃ》、おいしく手をかけて料理してくれた人への思いなどが重なる。一匹《ぴき》の小さな虫を口にするまでには、これだけの行為と気持ちがつながり合っている。

虫って食べられるんだろうか？　そういえば、これをおいしいって食べているところがあったなぁ。こうやって考えるだけで、虫に対する見方が変わるのではないだろうか。そして、食べる人たちの気持ちをわかろうという思いが生まれれば、虫を食べている人たちのやっていることが、いままでとは違《ちが》って見えてくるだろう。

食べ物は、最初からその状態《じょうたい》であるのではない。料理する人がいて、その材料を育てたり、採ってきたりする人がいて、そして、その生き物が育つ自然があって成り立っている。このつながりが食べ物を「ごちそう」という豊《ゆた》かなものにするのだ。

「おいしさ」の意味は？

おいしく食べるまでには、いろんなことを知る必要がある。虫を目の前にして考えてみよう。まず、採りたい虫がどこにいるか、いついるか、それを知ったうえで出かけていって、はじめて採ることができる。たくさん採れる時期はいつなのか、どの状態のときがおいしいかという季節や生物のライフサイクルを知ることも必要だ。そして、おいしく食べるためには、どの部分がおいしいか、どうやって料理するのがおいしいかという知識《ちしき》も必要だ。

必要だといっても、いっしょうけんめい勉強して暗記しなければいけないということではない。こうしたことは、虫に「親しむ」うちに次第《しだい》にわかってくる。虫そのものだけでなく、回りの自然や季節と虫との関係もいっしょにわかってくる。一匹の身近な虫を通して、自然の奥深《おくふか》さや、自然の中のさまざまなつながりがみえてくるのだ。

虫をつかまえるということは、クマやイノシシを相手とするような勇壮《ゆうそう》な狩《か》りではない。鉄砲《てっぽう》やワナのような装備《そうび》もいらない。けれども、逃《に》げる相手を追い求めていくスリルがある。相手は動くもの。その日の条件《じょうけん》や時間帯によって、いたりいなかったりする。つかまりそうになれば当然、逃げる。大人《おとな》たちが挑《いど》むスズメバチの仲間を採《と》ろうとすれば、激《はげ》しく攻撃《こうげき》もされる。こうした相手に向き合い、さまざまな工夫《くふう》をこらして、困難《こんなん》を克服《こくふく》して得る達成感もある。

虫をつかまえることは、相手を知ることから始まる。道具は二の次だ。まずは相手の動きや習性《しゅうせい》を理解《りかい》すること。そのうえで、そういう相手をつかまえるためにはどんな道具が必要なのか、何が道具として使えるのかを考えていけばいいんだ。いろいろ使えるものが出てくるはずだ。そういう工夫はこの本でみてきた通りだ。虫の生態《せいたい》と関わりのある一年の季節の移《うつ》り変わりも、ふだんから気にとめておいたほうがいい。

この本でこれまでみてきたことは、虫と人という二者の関係だけではない。この本に登場する人々《ひとびと》は、虫の活動していそうな地形や植物の生え方を知り、その場所の季節の変化、日々《ひび》の温度や湿度《しつど》の変化、草木の様子《ようす》の変化など、虫の動きや習性に及《およ》ぼ

す環境《かんきょう》の変化を把握《はあく》している。自然全体をさまざまな要素《ようそ》の結びつきやつながりとして理解しているのだ。その結びつきやつながりがわかっていてこそ、技術《ぎじゅつ》を駆使《くし》して採集《さいしゅう》することができる。そして、おいしく食べたり、売ったりすること、これには人どうしの結びつきが大切だ。

ぼくは、昆虫《こんちゅう》をとらえる人々の視線《しせん》、接《せっ》する態度《たいど》、つちかわれた知識《ちしき》や技《わざ》のすばらしさに魅《み》せられてきた。そのすばらしさはこの「結びつき」や「つながり」を理解し広げていく人間の行為《こうい》にあるものだと思う。そして、何かをするからこそ、たいへんさ、楽しさ、嬉《うれ》しさという感情も生じる。

このように自然と関わっていく喜びは、おいしさを求める思いから得られるのだ。そういう思いがあれば、虫は大切だ、虫の生きられる環境を守ろうという気持ちも出てくるだろう。

「虫を食べる」を研究するということは、そこにいたるまでのさまざまなつながりを解《と》き明かしていくことだ。この研究に取り組む原動力は、虫を食べてきた経験《けいけん》で得た感動だった。ぼくの生まれ育った家庭、暮《く》らしてきた場所、そして学んだ大学と、ぼくの居場所と経験《けいけん》は「虫を食べる人々《ひとびと》」と「食べない人々」との間にあった。「食べる」ことと「食べない」ことの「差」がもたらす価値観《かちかん》の違《ちが》いは何だろう。最初は、埋《う》めることのできない差とみていたが、違いがあるからこそ、お互《たが》いの価値観を認《みと》め合うこともできると考えられるようになった。そして、虫をきっかけに、世界各地の人々がそれぞれにつちかってきたことを、お互いに尊重《そんちょう》しあえるようになればすばらしいと、ぼくは考えている。

野中先生の虫よりな話⑥

学校で試食

　この本を読み進めてきた人たちは、虫を食べてみようと思っただろうか？ それとも、いやだなぁと思っただろうか？ 話で聞いてきたこと、本を読んで得た知識《ちしき》は、はたして本当なのだろうか？と疑問《ぎもん》や好奇心《こうきしん》を持ってくれたらうれしい。

　大学でのぼくの授業《じゅぎょう》では、「『食べる』というのは、食べ物そのものだけではなく、採《と》る人たちの熱意や工夫《くふう》、料理することも含《ふく》めて味わうことだ」と話している。自然と人々《ひとびと》の関わり合いを、「食べる」ことに目を向けて、人々が自然を多面的にそして奥深《おくふか》く理解《りかい》していることや、自然のものを味わうための知識や技術《ぎじゅつ》を築《きず》き上げてきたことを解明《かいめい》するのだ。

　しかし、話だけでは、なかなかそれとわかることは難《むずか》しい。ましてや、自分が食べたことのないものでは想像《そうぞう》もつかない。食べる感覚は文字や話だけではなかなか伝わりづらい。そこで「食べることを知っている」ということと、実際《じっさい》の味を知っているということとは違《ちが》うのだと、試食会をすることがある。話に聞いたり映像《えいぞう》で見るだけの世界でしかなかったものが目の前に現《あらわ》れ、学生は実際に自分で、食物となっている昆虫《こんちゅう》の姿《すがた》を確認《かくにん》し味わってみる。大学の授業での感想をあげてみよう。「人生で初めての虫を食べるという経験《けいけん》。実際に虫を目にしてみた時、正直手が震《ふる》えた。しかし、食べてみると嫌《いや》な感じはなかった。むしろおいしいんじゃないかとも思えた」「佃煮《つくだに》の味付けが和風なので一人暮《ぐ》らしをしているとなかなか食べられない味なので懐《なつ》かしかった」「ハチの子は、煮豆《にまめ》のような食感と味がはじめに来て、後から

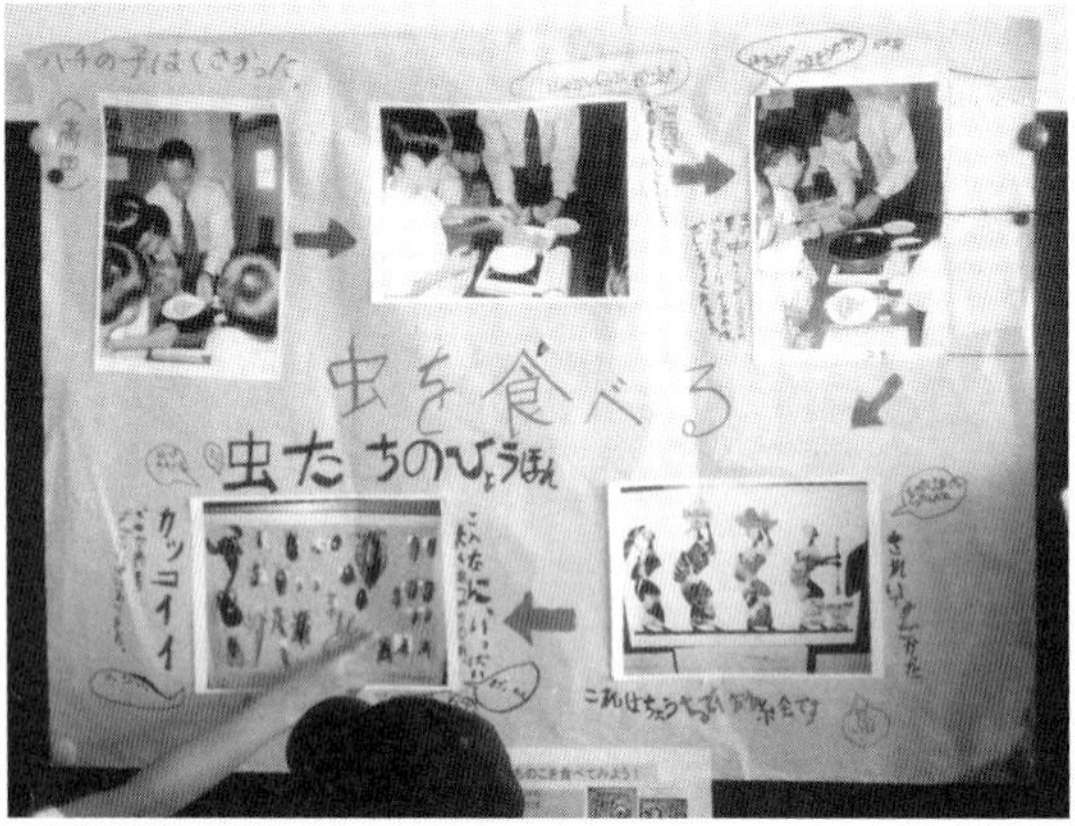

ハチミツに近い香《かお》りがうっすらと残った。イナゴよりも濃厚《のうこう》な味だった。みそのようにしてもちと一緒《いっしょ》に食べてみたい」「イナゴは意外に柔《やわ》らかく外側はぱりっとしていて食べやすかった。せんべいにしてもよい」「想像《そうぞう》していたよりパリパリサクサクしていて食べやすかった。食べてみたら虫という感じが全くしなかった」「イナゴはサクサクしていて白いご飯があいそう」「羽や脚《あし》がとってあったから普通《ふつう》に食べられた」など、好意的な感想がよせられた。いっぽう、「イナゴはお腹《なか》がふわふわしていて食べたら内臓《ないぞう》がぷにゅっと出てきそうで食べられなかった」という食べられなかった理由もあげられた。

どうだろう？　実際《じっさい》に姿《すがた》を目の前にして、体を眺《なが》め、口にしてみる。その堅《かた》さ、やわらかさを歯ごたえや口当たりとして感じることができる。そして肉の味わいや香り。そういう特質《とくしつ》を生かすには、細やかな火加減《ひかげん》や味付けが必要なこともわかるだろう。これまでの経験《けいけん》に照らし合わせて、自分の中で食べてみた味や食感を確認《かくにん》することにもなろう。

小学校でも同じように虫を食べることを取り入れた授業《じゅぎょう》を行ったことがあった。小学校2年生を対象

として、虫と人との関わり合いについて話をした。みんなとても好奇心旺盛《こうきしんおうせい》で「早く食べさせてよ」とせがんできた。そこで家で作ってきたはちの子おにぎりを出した。虫を食べるのはみんな初めてで、いざ目の前にするとちょっとびっくりしたようだ。でもすぐに手を出して「おいしい!」と、あっというまに平らげた。「もっとないの?」と言うので、待ってましたと隠《かく》し球を取り出した。それは、生きたはちの子の詰《つ》まったクロスズメバチの巣。はちの子を取り出すところからやってみようと提案《ていあん》した。生きて動くはちの子を取り出すのに、最初はちゅうちょしたようだ。でも、担任《たんにん》の先生がこうするんだと1匹《ぴき》つまみ出し、さらにそれを口に入れて食べて「おいしいよ」と手本を示してくれた。これを見た生徒たちは自分たちもと勢《いきお》いこんで取り出しはじめた。このときの子どもの輝《かがや》く目、先生への信頼《しんらい》のまなざしは今も心に焼き付いている光景だ。みんなで取り出したはちの子をフライパンで炒《いた》めてみた。これもあっという間に食べられた。それどこ

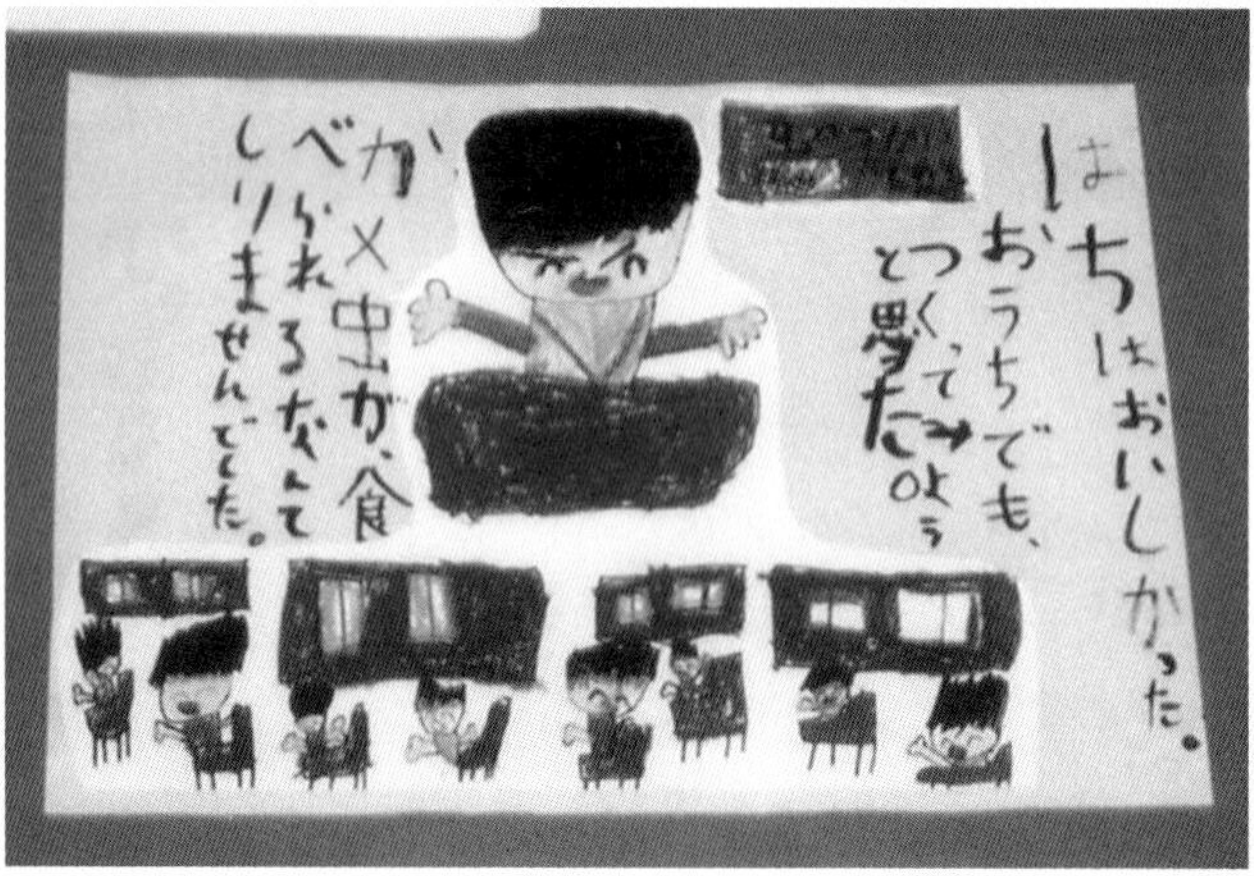

ろか「おみやげに持って帰りたい。うちでお母さんに料理してもらうんだ」と言う子もいた。後日、お母さんたちからの感想ももらった。子どもたちはその日のできごとをとても生き生きと話してくれたそうだ。ハチの巣を持って帰った子のお母さんは本当に料理したそうだ。学習発表会ではその模様《もよう》が発表された。ぼくも参加した。すると、1人が、公園で拾ったハチの死骸《しがい》を持ってきてたずねた。「これって食べられる？」。自然を見る目が広がったんだとぼくはうれしかった。

実際《じっさい》に食べてみるという、自らの感覚で得る体験によって、話の内容《ないよう》がすんなりと体に染《し》みこんでくる。映像《えいぞう》や話や文字で知った「楽しさ」や「おいしさ」が自分でも納得《なっとく》できるかもしれない。あるいは料理になるまでの苦労にも思いをはせるかもしれない。単にその場に出された虫の味だけではない。生きている虫への感情を思い起こし、虫の体を確認《かくにん》し、その特質《とくしつ》を味わいとして理解《りかい》できる。また、これが、人によって採集《さいしゅう》されたのだということから、それを採《と》る人たち、その地域《ちいき》の環境《かんきょう》、歴史へと思いを広げることもできる。やはり虫は苦手だという人たちも、もちろんいて良い。味には好ききらいの個人差《こじんさ》がある。食べ物は個人の嗜好《しこう》でもある。強制《きょうせい》されて食べるものではない。けれども、虫を食べない人でも、身近にいる虫に対して「これって食べられるんだなぁ」と思えば、お互《たが》いにわかり合う共通点ができる。世界にはこの虫を食べる人がいるんだ、という驚《おどろ》きや感動が、世界の人々《ひとびと》の暮《く》らしや価値観《かちかん》、環境へと関心を広げていく。これまで自分のいる世界ではなかった「遠い世界のできごと」を自分のこととしてとらえることができるようになる。自分の世界が広がるのだ。

あとがき

ぼくは、虫を食べる人々《ひとびと》を通じて、虫に向けられる目の鋭《するど》さ、虫を取り扱《あつか》う細やかさや精緻《せいち》な技術《ぎじゅつ》、そしておいしく食べる工夫《くふう》はすばらしいものだと学んできた。世界各地を調べていって、じつにさまざまな虫が食べられ、また、料理もあることがわかった。

ぼくのいちばんの専門《せんもん》は地理学だ。これまで虫の話をしてきたのに、どうしてぼくの専門が地理学なんだ？って不思議に思うかもしれない。学校で習う地理とは、日本や世界各地の様子《ようす》、気候や産物や暮《く》らしぶりのことだろう。そして、専門的な研究をする地理学とは、どうしてそこに人が暮らすのか、そこでの暮らしをどうやって成り立たせてきたのか、自分たちで築《きず》き上げてきたのか、よそからの影響《えいきょう》を受けたり、取りこんだりしてきたのかなど、さまざまな歴史を経《へ》てできてきた理由やその特徴《とくちょう》を解明《かいめい》する学問だ。そうして、世界ではこんなにいろいろな暮らしがあることがわか

る。つまり、人間の暮《く》らす地上のできごとについて観察し、疑問《ぎもん》をもち、原因《げんいん》を探《さぐ》る「科学」なんだ。

科学というと、新しいことを発見したり、公式を作ったりすることだと思う人もいるだろう。もちろん、それは大切だ。人の暮らしにも公式といえるものがあるかもしれない。けれども、その公式からどれほど外れられるのか、公式にあてはまらないことも現実《げんじつ》にあるんだって知ることは、まだまだ人間はできることがあるんじゃないかと気づくきっかけになるだろう。ぼくの研究の立ち位置はそんなところになる。

何が食べ物になるかってことは、世界各地でいろいろな事情《じじょう》があるんだ。どうやって食べられるものが選ばれるんだろう？　どうして、ところによって違《ちが》うんだろう？　どんな技術《ぎじゅつ》を使って手に入れるか、そして、どのようにそれを食べ物として料理して身体に取りこむか。そんな違いや自然の理解《りかい》の仕方を調べてきた。

世界各地の自然環境《かんきょう》や人々《ひとびと》の暮らし方にはどんな違《ちが》いがあるのかという多様性《たようせい》、そしてその多様性がどのようにできてきたのかを解明《かいめい》することを、ぼくはめざしてい

る。そのため、これまで日本やアフリカや東南アジアの国々《くにぐに》を回ってきた。ここでは、現地《げんち》の狩猟《しゅりょう》や採集《さいしゅう》をつぶさに観察する生態《せいたい》人類学の方法で調べていった。海や川で魚捕《さかなと》りをしたり、山で畑を作ったり、砂漠《さばく》で獣《けもの》を狩猟したり、世界のいろんな自然の中でいろんな活用の仕方がある。こんなやり方があったとは！って驚《おどろ》くこともいっぱいだ。人類がいろんな環境に合わせて作ってきた技《わざ》はかけがえのない財産《ざいさん》だと思う。たとえ自分ができなくても世界にできる人がいるって知れるだけで、もっといろんなことができるかもしれないぞ、と新しい考え方が浮《う》かんでくる。

日本各地でも、ぼくはその土地の暮らしを訪《たず》ねてきた。おじいさん、おばあさんの世代はもっといろんな自然があった。今はたしかに少ないかもしれない。でも、虫は近くにいる。近くの自然をちゃんと見てるだろうか？　公園の木の上、足元の地面。セミの声をたどれば、幹《みき》に止まっているセミの姿《すがた》を見つけられるだろう。足を止めてみれば、アリの行進にも出くわす。本物に触《ふ》れる機会はあるんじゃないかな？

この本で紹介《しょうかい》してきたことは、「虫はごちそう」だ。何かを食べて「おいしい」と思う気持ち、「ごちそう」だよと喜ぶ気持ちは、世界中の人々《ひとびと》が持つことのできる感情だ。「虫がおいしい」なんて、そんなバカなと思わずに、自分のなかにある「おいしい」気持ちを思いだしてみよう。たとえば、ぼくが母のイナゴ料理や祖父《そふ》のはちの子を「おいしい」と思うのと同じように、世界中のいろんな人々にとって、いろんな「おいしい」がある。それをきっかけにお互《たが》いに理解《りかい》し合うことができれば、世の中ってとても広くて、もっとおもしろいと見えてくるだろう。そんな目を開いていくのが地理学だ。この本を読んだ君たちが、将来《しょうらい》もっとおもしろい世界を「発見」していってくれるといいなと思う。

の研究者がさまざまな虫を食べまくる。

●**内山昭一《うちやましよういち》『楽しい昆虫《こんちゆう》料理』ビジネス社**（2008年）

……和風、洋風、中華風《ちゆうかふう》など、創作《そうさく》虫料理約80点のレシピを掲載《けいさい》。

●**井伏鱒二《いぶせますじ》『スガレ追《い》ひ』筑摩書房《ちくましよぼう》**（1977年）

……「スガレ」とは長野県でのクロスズメバチの方言。著者《ちよしや》がスガレ採《と》り名人を訪《たず》ねて秘技《ひぎ》を学び、彼《かれ》らのこだわりや自然の見方を知る。ハチを追い求めるわくわくした感じが伝わってくる文学作品。

●**野中健一『虫《むし》食《は》む人々《ひとびと》の暮《く》らし』ＮＨＫ《エヌエイチケイ》ブックス**（2007年）

……この本にも出てくるラオスやアフリカの昆虫食《こんちゆうしよく》、日本のクロスズメバチ（ヘボ）について、採《と》る技《わざ》や食べる喜び、虫を介《かい》して人と人とがつながっていく様子《ようす》をくわしく書いた。

●**野中健一『昆虫食《こんちゆうしよく》先進国ニッポン』亜紀書房《あきしよぼう》**（2008年）

……この本でも取り上げたヘボをはじめ、各地でつちかわれてきた昆虫食文化を紹介《しようかい》。虫を仕事として採《と》る人々《ひとびと》、高度な加工の技術《ぎじゆつ》、製《せい》品《ひん》を流通・販売《はんばい》するしくみについてもくわしく書いた。

●**野中健一『民族昆虫学《こんちゆうがく》－昆虫食の自然誌《しぜんし》』東京大学出版会《しゆつぱんかい》**（2005年）

……昆虫食を通して、人間はどのようにして自然と出会い、そして自然を取り込《こ》んでいくのかをさぐる。学術書《がくじゆつしよ》なので専門的《せんもんてき》な記述《きじゆつ》もあるが、興味をもった人にはぜひ手にとってもらいたい。

参加する

●**全国ヘボの巣コンテスト**

岐阜県恵那《えな》市串原《くしはら》　問い合わせ0573-52-2111（恵那市串原振興事務所《しんこうじむしよ》）

●**名倉蜂《なぐらはち》サミット**

愛知県設楽町《したらちよう》名倉地区　問い合わせ0536-62-1000（設楽町観光協会）

……いずれも毎年11月に開催《かいさい》。クロスズメバチ（ヘボ）の愛好家たちが自分で育てた巣を持ち寄《よ》り、重さを競う。ヘボ五平餅《ごへいもち》なども販売《はんばい》され、多くの人々《ひとびと》でにぎわう。

ほかにも愛知、岐阜、長野県内でハチの巣のコンテストが行われている。「全国地蜂《じばち》連合会」のホームページ（http://blog.goo.ne.jp/jibachi）で調べて出かけてみよう。

解説《かいせつ》した。その後も昆虫食がテーマのイベントを毎年、開催する。昆虫食にくわしいスタッフが質問《しつもん》に応《おう》じてもくれる。

●橿原《かしはら》市昆虫館《こんちゅうかん》

〒634-0024　奈良県橿原市南山町《みなみやまちょう》624（香久山《かぐやま》公園内）

0744-24-7246　http://www.city.kashihara.nara.jp/insect/index.html

……タイの昆虫食についての常設展示《じょうせつてんじ》がある。コオロギやタガメなど、現地《げんち》で売られていた虫を標本にして展示。市場や食卓《しょくたく》の写真も掲示《けいじ》している。夏休み期間などは特別展示と入れかわる場合もあるので、ホームページなどで確《たし》かめてから出かけよう。

●広島《ひろしま》市森林公園こんちゅう館

〒732-0036　広島市東区福田町《ふくだちょう》字藤ヶ丸《あざふじがまる》173

082-899-8964　http://www.hiroins-net.ne.jp/h-sinrin/insect/index.htm

……毎年11月に昆虫食《こんちゅうしょく》のイベントを開催《かいさい》。はちの子、イナゴのつくだ煮《に》などをじっさいに味わうことができる。

読む

●三橋淳《みつはしじゅん》『世界昆虫食大全《こんちゅうしょくたいぜん》』八坂書房《やさかしょぼう》（2008年）

……世界の昆虫食を国ごとにまとめ、1900種以上の食用昆虫を収録《しゅうろく》した。引用されている膨大《ぼうだい》な国内外の文献《ぶんけん》も圧巻《あっかん》だ。昆虫食に関して、現在《げんざい》、日本語で書かれた最高の資料《しりょう》。

●三橋淳『世界の食用昆虫《こんちゅう》』古今《ここん》書院（1984年）

……ぼくが学生時代に出会い、昆虫食研究の道に進むのに大きな影《えい》響《きょう》を受けた本。世界各地の食用昆虫がびっしり書かれている。

●三橋淳編著《へんちょ》『虫を食べる人びと』平凡社《へいぼんしゃ》（1997年）

……世界各地の昆虫食《こんちゅうしょく》について、虫の採《と》り方から料理のしかた、味わいまで、膨大《ぼうだい》な情報収集《じょうほうしゅうしゅう》に基づいて書かれた一冊《いっさつ》。

●梅谷献二《うめやけんじ》『虫を食べる文化誌《ぶんかし》』創森社《そうしんしゃ》（2004年）

……アジア、アフリカ、アメリカの昆虫食《こんちゅうしょく》をくわしく紹介《しょうかい》する。

●松浦誠《まつうらまこと》『スズメバチを食べる－昆虫食《こんちゅうしょく》文化を訪《たず》ねて』北海道大学図書刊行会《かんこうかい》（2002年）

……日本とアジアのスズメバチ食についてくわしく紹介《しょうかい》する。

●篠永哲《しのながさとし》・林晃史《はやしあきふみ》『虫の味』八坂書房（1996年）

……身の回りの虫をとにかく食べてみよう！というスタンスで、2人

昆虫食《こんちゅうしょく》に親しむためのガイド

ここまで読んできたみなさんは、虫を食べてみたくなっただろうか。イナゴはつくだ煮屋《にや》においてあるかもしれない。田んぼへ出かけて採《と》ってくるのもいいかもしれない。夏にはセミはたくさん見つかる。スズメバチには充分《じゅうぶん》気をつけよう。

まだまだいろんな虫がいるし、世界ではたくさんの種類の虫が食べられている。試してみようという人も出てくるかもしれない。でも毒や有《ゆう》害物質《がいぶっしつ》をもつ怖《おそ》れもあるから充分に気をつけてほしい。

食べる

●有限《ゆうげん》会社かねまん

〒399-4511　長野県南箕輪村神子柴《みなみみのわむらみこしば》 8865-1（伊那《いな》インター前）

0265-72-2224　http://kaneman1915.com/

……はちの子やイナゴ、カイコのサナギのつくだ煮《に》などを販売《はんばい》。インターネットでの通信販売も受けつけている。

●塚原信州珍味《つかはらしんしゅうちんみ》

〒396-0023　長野県伊那《いな》市山寺《やまでら》 1980-8　0265-76-0591

……はちの子やイナゴのつくだ煮《に》を扱《あつか》う。同県伊那市、岡谷《おかや》市の店では、家庭で料理する人たち向けに、生きたイナゴも販売する。

みる

●蜂天国《はちてんごく》

〒389-0514　長野県東御《とうみ》市加沢《かざわ》 435-1

0268-63-3888　http://hatitengoku.okoshi-yasu.com/

……スズメバチのつくり出した巨大《きょだい》な巣の芸術《げいじゅつ》作品を展示《てんじ》。ハチ採《と》り用の防護服《ぼうごふく》も見られる。はちの子のつくだ煮《に》やハチミツも販売《はんばい》する。

●伊丹《いたみ》市昆虫館《こんちゅうかん》

〒664-0015　兵庫県伊丹市昆陽池《こやいけ》 3-1 昆陽池公園内

072-785-3582　http://www.itakon.com/

……2007 年から 08 年にかけ、昆虫食の企画展《きかくてん》を開催《かいさい》。8 カ国計約 30 種類の虫を展示《てんじ》し、採《と》り方や料理のしかたなどについてくわしく

■著者　**野中 健一**（のなか・けんいち）

1964年、愛知県生まれ。名古屋大学大学院文学研究科史学地理学専攻中退。博士（理学）。現在、立教大学文学部教授。専攻は地理学、生態人類学、民族生物学。祖父がハチ採りの名人だったことや、大学時代に林業の仕事で山に入った際にはちの子を口にしたことが、昆虫食の研究につながった。これまでに20を超える国々を訪れ、昆虫食を通して、自然と人間との関わりについて考察を進めている。学術書に『民族昆虫学』（東京大学出版会）、『ヴィエンチャン平野の暮らし』（編著、めこん）など。一般向けの本に、2008年に人文地理学会賞を受賞した『虫食む人々の暮らし』（NHKブックス）、『昆虫食先進国ニッポン』（亜紀書房）がある。

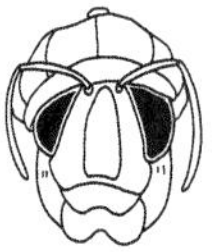

■イラスト　**柳原　望**（やなはら・のぞみ）

漫画家、イラストレーター。愛知県生まれ。少女漫画誌を中心に活躍する。代表作に『一清＆千沙姫シリーズ』『とりかえ風花伝』（いずれも白泉社）など。家庭用ロボットを描いたSF『まるいち的風景』（同）は、『TIME』誌アジア版のロボット特集にも掲載された。いっぽう、野中氏のフィールドワークに同行、取材し、『虫食む人々の暮らし』や『昆虫食先進国ニッポン』のイラストを担当。自然と人間との複合的な関わりを楽しく、分かりやすく表現している。若手の地理学者を主人公に、食と家族の絆を描くコメディ『高杉さん家《ち》のおべんとう』（メディアファクトリー）を執筆。

写真協力（敬称略）　クアントーン・プーマテップ／フォト・オリジナル／藤泰樹

〈自然と生きる〉**虫はごちそう！**　NDC383.8 183P 20cm

2009年11月13日　第1刷発行　　2011年5月10日　第2刷発行

著　者　野 中 健 一
発行者　小 峰 紀 雄
発行所　株式会社小峰書店　〒162-0066　東京都新宿区市谷台町4-15
電話 03-3357-3521　FAX 03-3357-1027　http://www.komineshoten.co.jp/
組版・印刷／株式会社三秀舎　　製本／小髙製本工業株式会社

ISBN978-4-338-24801-3

日本で食べられてきた主な虫を地図にしてみたよ。

北海道
青森
秋田
岩手
山形
宮城
福島
群馬
長野
埼玉
栃木
茨城
千葉
東京
神奈川
新潟
山梨
富山
石川
福井
岐阜
愛知
静岡
滋賀
三重
沖縄

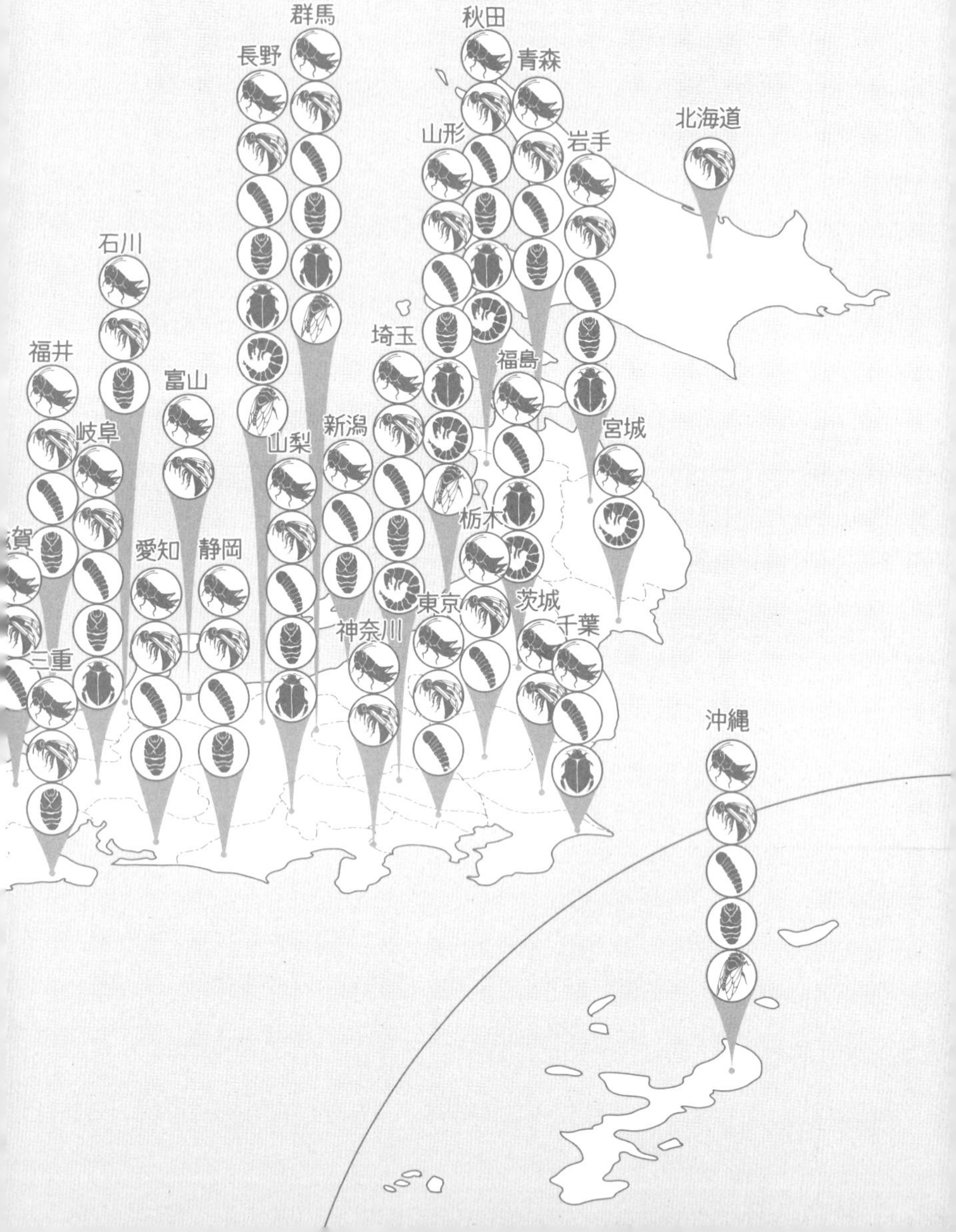